JN410063

나는 콩떡

박순혜 수필집

교음사

『수필문학』과의 인연

다섯 번째 수필집을 내며 서문을 쓰려니 첫 수필집을 냈을 때가 생각난다. 신문과 여성 월간지의 독자란과 라디오의 주부프로에 투고하여 채택된 글 98편을 모아 책으로 냈을 때 가족 친지들이 많이도 기뻐했는데 화내는 한 사람이 있었다. 조카 이승하(큰언니의 둘째 아들, 중앙대학교 문예창작과 교수, 시인, 소설가, 문학평론가)였다. 이모는 어찌하여 문단생활을 하는 조카가 둘이나 되는데(큰조카 이동하 시립대학교 국어국문학교수, 문학평론가) 의논 한마디 없이 듣도 보도 못한 무명출판사에서 책을 냈냐고.

조카는 무명출판사에서 책을 낸 걸 너무나 애석해했다. 그 책을 들고 다시 유명 출판사에서 출판하고 싶어 몇 군데를 찾아다녔다고 한다. 그 마음 씀이 눈물 나도록 고마웠다. 원고지에 글을 쓰던 때라 띄어쓰기 틀린 부분이 있었는데 바쁜 와중에 꼼꼼히 빨간 볼펜으로 체크하여 내게 다시 보냈다.

그리고 등단을 권유하였다. 이모가 아무리 글을 잘 써도 등단을 하지 않으면 알아주는 사람 없다며 서점에 가서 여러 문예지 중에서 『수필문학』지를 선택하여 사서 보내주었다.

용기를 얻은 나는 『수필문학』에 응모를 하여 두 번의 추천 끝에 문단 데뷔를 하게 되었으니 나의 문단 등단과 『수필문학』과의 인연은 조카로 하여금 이루어진 것이다.

문단 등단을 한 뒤에 3권의 수필집을 출간했는데 그때마다 조카에게 한 번도 교정 부탁은커녕 책 낸다는 언질조차 주지 않았다. 조카가 선택해 준 수필문학사에서 펴냈으니 섭섭해하지 않으리라 생각했던 것이다. 인정 많은 조카가 섭섭하지 않았는지 모르겠다.

책 서문에 온통 자신의 이야기로 채워 놓았다고 나무라지 않으려는지? 그러나 쓰고 싶다. 나는 참 좋은 조카를 두었다고.

내가 문학을 하지 않았으면 어떤 삶을 영위해 왔을지 궁금하다. 문단 등단을 권유하여 문인의 길을 걸으며 질 높은 삶을 영위하게 해준 조카 이승하에게 이 자리를 빌려 고맙단 말을 먼저 전한다.

『수필문학』 강병욱 대표님과 이민호 편집위원님 창작지원금을 받도록 애써 주셔서 너무나 감사합니다. 좋은 수필집 만들어주신 류진 편집국장님께도 감사한 마음 전합니다.

2021. 여름에 저자 박순혜

박순혜 수필집

나는 콩떡

---

1 미인은 아무나 되나

2 주막집에서

3 행복 만들기

4 장롱

5 한심한 여자들

1

미인은 아무나 되나

먹고 싶은 거

며느리가 전화를 해서 뭐 잡숫고 싶은 게 없냐고 묻는다. 먹고 싶은 걸 말하면 당장 인터넷 주문하여 사 보낼 것이 틀림없다. 얼마 전에도 똑같은 질문을 하여 먹고 싶은 게 생각 안 나서 우물쭈물하다가 사과가 떨어졌다고 했었다. 전화 끊고 당장 주문했던 모양으로 그 이튿날 사과를 택배로 받았다. 저희들이 뭔가를 사 먹고 맛있으면 인터넷 주문하여 보내기도 해서 지난겨울엔 한 번도 먹어보지 않았던 레드향도 맛보았다.

먹고 싶은 거 요즘은 없고, 먹고 싶은 거 있으면 사 먹을 테니 걱정 말라고 하고 전화를 끊었다. 그리곤 내가 요즘 뭐가 먹고 싶었는지 생각해 봤다. 이런 생각은 얼마 전에 이웃의 100세 할머니가 먹고 싶은 거 있으면 돈 아끼지 말고 부디 사 먹으라고 신신당부하시던 그때도 잠깐 했었다.

그런데 참 이상도 하지 그때도 지금도 먹고 싶은 게 생각이 안 나는 것이다. 냉장고는 먹을 것으로 복잡하고 날마다 배가 부른 탓일까?

한 친구는 통화할 때마다 요즘 먹고 싶은 게 없다는 말을 한다. 겨울엔 시래깃국을 좋아했고 여름엔 상추겉절이에 밥 비벼 먹는 걸 좋아했는데 그 음식들이 이젠 싫다고 한다. 그렇다고 먹고 싶은 게 바뀌었나 하면 그렇지 않고 없다는 것이다. 늙어가는 증거라고 덧붙인다.

옛날 자라던 시절엔 먹고 싶었던 것도 많았다. 늦가을에 감을 깎아 처마 밑에 매달아 놓은 아직 쪼그라들지 않은 분홍빛 말랑말랑한 곶감이 왜 그리 먹고 싶든지. 하루 수도 없이 뜰에서 마루를 오르내리며 팔만 뻗치면 빼 먹을 수 있는, 그러나 자꾸 빼 먹으면 안 되는 곶감이었다. 그 반건조 곶감이 겨울이 되면서 적당히 굳어지며 갈색으로 변하는데 그때 걷어서 다락에 펴놓는다. 다락의 곶감은 사과나 배처럼 그 모양 그대로 있지를 않고 표면에 감기에도 숙취에도 좋은 시상(柹霜)이라고 하는 하얀 분을 생성시켜 곶감으로서의 면모를 갖추어 놓는다.

찬바람 산모롱이 돌아 돌아서 와 창문을 자꾸 노크하고 문풍지 바르르 요란스레 떠는 밤이면 다락의 곶감 생각이 더욱 간절했다. 찐득한 곶감 한입 베어 물면 하얀 분가루 입술에 묻어나는 다디단 그 맛 생각만 해도 군침이 한가득 고였다. 이 세상에서 곶감보다 더 맛있는 건 정말이지 없다고 생각했다.

초등학교 2학년 초여름이었던 것 같다. 학교 갔다가 집으로 가는데 강낭콩 드문드문 섞은 소다 냄새 물씬 풍기는 밀개떡 생각이 간절했다. 어쩌면 집에서 엄마가 밀개떡 쪄놓고 기다릴 것 같은 생각이 들어 걸음을 재촉한 기억이 난다.

몇 년 전까지만 해도 영덕대게를 많이 좋아했다. 금방 잡은 대게 사먹는 일은 우리 집에서는 안 되고 대구서는 가능함을 아들 집에 갔던 어느 날 알게 되었다. 내가 대게를 좋아한다고 대게집에 전화를 하여 갓 잡은 대게를 쪄서 버스로 실어 보내라 하고 도착 시간 맞춰 아들이 대구 이쪽 끝에서 저쪽 끝 거리 먼 버스터미널까지 가서 사람 차비 주고 받아와 나를 실컷 먹게 했다. 제주산 생 은갈치도 먹고 싶어 자주 사 먹었다. 과일로는 여름엔 수박, 겨울엔 귤이 좋았다.

그러나 요즘은 내가 먹고 싶었던 이 모든 것들이 시큰둥하다. 특히 그리도 먹고 싶었던 곶감은 눈앞에 있어도 입에도 안 댄다. 대게 역시도 인터넷 주문하면 살아 움직이는 대게는 아니더라도 제법 싱싱한 대게를 택배로 받아 집에서 쪄 먹을 수 있는데도 먹고 싶지 않아 안 산다. 아무리 곰곰 생각해도 먹고 싶은 게 떠오르지 않는다.

어버이날이 다가오면 딸과 며느리가 아버지는 외식을 자주 하시니 엄마 잡숫고 싶은 거, 어머님 잡숫고 싶은 것이 뭔가 생각해 놓으라는 전화를 한다. 아들은 집에 와서 뭐 드시고 싶으냐고 묻는다. 이럴 때 뭐가 먹고 싶단 말을 하면 속 시원할 텐데 그러지를 못한다.

요즘 사람들은 먹고 싶은 걸 참지 않는 것 같다. 맛집을 찾아 먼 길도 마다않고 찾아가서 사 먹으니 말이다. 비만 인구가 늘어나는 원인이 먹고 싶은 걸 참지 않고 생각 없이 먹은 탓이 아닌가 하는 생각이 든다. 100세 할머니가 먹고 싶은 걸 참으며 살아온 세월이 회한으로 남긴 하지만 장수하고 있는 원인이 어쩌면 먹고 싶은 걸 참으며 살아오셨기 때문 아닐까 하는 생각도 든다.

하루 종일 집안일 하는 가운데서도 먹고 싶은 게 뭔가를 생각하다 보니 끼니때가 되었다. 남편은 모임에 나가 밥할 걱정을 안 하고 있는데 갑자기 라면이 먹고 싶었다. 결국 라면 한 봉지 끓여서 먹으며 내가 먹고 싶은 게 이거였던가 하고 혼자 허허 웃었다.

이튿날 택배를 받았다. 며느리가 블루베리를 사 보낸 것이다. 블루베리는 먹고 싶지는 않았지만 약해지는 시력을 위해 먹었으면 하는 마음은 있었기에 반가웠다.

다음에 또 며느리가 먹고 싶은 게 뭐냐고 물으면 냉큼 대답하도록 미리 먹고 싶은 걸 곰곰 생각해 놓아야겠다. 블루베리를 선택하기까지 어머님이 좋아하시는 게 뭘까 나름 고민하였을 것 같아서 며느리의 다음 고민을 덜어주기 위해서라도.

나는 콩떡

연중행사인 수필문학추천작가회 동인지 출판기념회 겸 연차 대회는 언제나 단풍 곱게 물드는 낭만의 계절 가을에 한다. 이번엔 안동이다. 안동 하면 마음의 매무새부터 여며지는데 선비, 양반의 고장, 충절의 고장이기 때문이리라.

대회 장소는 한국국학진흥원이다. 언제나 행사부터 하고 만찬의 시간과 오락시간을 갖고 다음 날 몇 군데의 관광을 하는데 이번엔 행사를 시작하기 전에 장판각 전시실부터 보게 되었다. 개인이 가면 관람할 수 없다는 장판각 전시실, 통로 양쪽으로 판각들이 빽빽하게 들어차 감탄을 자아내게 한다. 기증을 받았거나 수집을 한 책판들인데 장판대엔 일일이 주인의 이름을 적어 놓았다. 우리 회원들은 안동의 한 회원의 해설을 진지하게 들었다.

『수필문학』을 모태로 하여 등단한 수필가들이기에 대대적인 하계세미나 때보다 이 가을 세미나는 언제나 가족적인 분위기이다. 행사를 마치고 잘 차려진 저녁식사도 마치고 밤엔 교실만큼 넓은 노래방에서 나도 한 곡 뽑는 즐거운 시간을 가졌다. 숙소로 돌아온 시각은 밤 10시다.

방 3개에 넓은 거실과 주방이 있는 콘도식인데 9명이 배정받았다. 침대가 있는 방엔 디스크 수술을 받아 허리가 안 좋다는 회원과 다른 한 명이 자기로 하고 다른 방에 3명, 또 하나의 방에 나를 포함하여 4명이다.

'싱거워라 이게 뭐야? 오늘은 초저녁부터 자야 한단 말인가.' 잠자리에 드는 시각이 새벽 3시는 기본이었었지 아니하였던가. 어느 해 하계세미나 때는 문우들끼리 부산 바닷가를 거닐다가 노천카페에서 이야기 나누며 꼴깍 밤을 새웠던 적도 있었지 아니하였던가. 일찌감치 이불 속으로 들어가야 하는 것도 못마땅한데 내 자리여야 할 안쪽 벽 쪽으로 이미 한 회원이 누워 있다. 가운데는 도저히 못 잘 것 같아 내가 문 입구 벽 쪽으로 자겠다며 베개를 들고 가려는데 J회원이 날씬한 사람이 가운데 자야 한다며 날렵한 행동으로 히뜩 누워 버린다.

이건 비밀인데 사실 내가 방이 비좁다느니 가운데 못 자겠다느니 생각조차 할 자격이 없다. 세미나 때면 늘 함께 다니던 대구 회원들이 단체로 불참을 해 나 혼자 가려니 용기가 안 나서 불참 통보를 했던 것이다. 그런데 아쉬운 마음이 생겨 뒤늦게 사무국장에게 참여 의사를 밝히니 잘 생각했다며 반가워하였다. 그때 이미 방 배정이 된 뒤였던 것 같다. 그래서 우리 방에 4명이 된 것이고.

세미나 때면 제일 애로점이 잠자리이다. 나는 웬일인지 가운데 잔다는 걸 생각만 해도 가슴이 답답해져 온다. 그래서 언제나 빠른 동작으로 열쇠를 받아서 벽 쪽으로 먼저 자리를 맡아놓곤 했다. 그런데 이번엔 한발 늦었다. 행사 때마다 얼굴 보았고 또한 글을 통해 서로 잘 아는 정이 든 회원들이지만 함께 잠을 자는 일은 내게 늘 고역으로 다가왔다.

'맞다 거실에서 자자' 안내데스크에 전화해 이부자리 하나 더 부탁해 거실에 잠자리를 폈다. 봉정사와 독립기념관 그리고 의성 김씨 종택을 탐방하기로 되어 있는 내일에 기대를 걸고 잠을 청했다.

그런데 나에게 가운데 자라고 한 J회원이 자다 말고 팔찌를 들고 거실로 나와 자랑을 한다. 자랑하고 싶어 못 견디겠던 모양이다. 콩알같이 굵은 알이 쪼르르 박혔고 알 하나하나에 서로 다른 꽃무늬가 새겨진 너무나 예쁘고 신기한 팔찌다. 세미나 때면 늘 지방 회원들은 개별로 가고 서울 회원들은 버스를 대절해 단체로 가는데 버스에서 우연히 선배인 남자 회원 옆에 앉게 되었는데 그 회원한테 받았다는 것이다. 생각지도 못한 팔찌 선물 어찌 자랑을 안 하고 싶겠는가.

이 방 저 방 회원들이 다 들어오고 자는 둥 마는 둥 밤이 지나고 아침이 되자 모두 부지런히 씻고 다듬는다. 나도 바르고 두드리며 화장을 하는데 J님이 간밤 실컷 한 팔찌 자랑을 또 한다. 다시 봐 주었고 다시 예쁘다고 해주었다. J님의 팔찌 자랑에 나도 질소냐 싶었든지 허리 수술한 디스크님이 화장하던 손길을 멈추고 가방에서 휴대폰 고리를 꺼내 자랑을 한다.

같은 신문사에 근무했던 분이 우리 수필문학추천작가회 회원이 되었는데 그분에게 직접 만든 폰 고리를 어제 받았다는 것이다. '사랑'이란 글자가 새겨져 있는 참으로 정성 들여 만들었음을 느낄 수 있는 예쁜 고리다.

"예쁘네요, 옛 직장동료가 우리 회원이 되었으니 축하해요."

진심으로 축하의 말을 해 주었다.

"아참! 이거 어제 박순혜 씨 주려고 안 먹었어요. 옆 사람 것 같이 먹고" 방에 들어간 팔찌 씨가 내 이름을 부르며 거실로 나와서 랩에 싸인 떡을 준다. 검정콩과 건포도와 아몬드가 들어간 제법 큰 떡 덩어리다.

"으응 고마워요."

서울 회원들이 일찍 출발하는 연유로 아침식사 대용으로 떡을 맞추어 와서 한 덩이씩 나누어 주더라는 것이다. 떡을 맛 못 본 나에게 진심으로 주고 싶은 마음에서 주었을 것이다. 어느 해 경주에서의 행사 때도 숙소에서 나와 새벽 버스를 타고 토함산을 향해 갈 때 다른 회원 안 볼 때 얼른 캔 음료 한 병 내 가방에 쑤셔 넣어주던 팔찌님이 아니었던가. 고마운 마음 한량없다. 그렇지만 솔직히 떡이 반갑지는 않았다. 아침식사 후 하게 될 몇 군데의 관광에 가방의 무게를 생각 아니할 수가 없기 때문이다.

아니 그것 때문만은 아니리라. 누구는 바지씨한테 예쁜 팔찌 받고, 누구도 바지씨한테 손수 만든 예쁜 휴대폰 고리 받았는데 흑흑! 나는 콩떡이나 받고. 그것도 치마씨한테.

'팔찌나 폰 고리! 그런 선물 아무나 받나?'

'어이! 박순혜 냉수 마시고 속 차려라'

낮도깨비

'사람은 의복에 알맞게 환영받는다.' 러시아 속담이다. '못 입어 잘난 놈 없고 잘 입어 못난 놈 없다' '사람은 헌 사람이 좋고 옷은 새 옷이 좋다.' '의복이 날개'는 우리의 속담이고.

에머슨은 사람은 옷을 잘 입어야 하는 이유가 있다고 했는데 그 이유가 개들이 옷 잘 입는 것을 존경하여 좋은 옷을 입은 사람은 공격하지 않으려 하기 때문이라고 했다. 그런가 하면 S 존슨은 '훌륭한 의복은 오직 그것이 존경을 획득한 다른 방법의 부족을 메워 주므로 좋은 것이다.'라고 했다.

옷에 대해선 참 말도 많다. 나는 옷을 사고 싶다는 생각이 들면 습관처럼 위의 속담과 명언을 떠올린다. 옷 구입에 다소 거금이 들어도 마음의 부담을 갖지 말자는 내가 나에게 대는 핑계이다.

사계절 중에 여름옷이 적은 편인지라 오늘은 며칠 전부터 여름옷 한 벌 장만하리라고 별러 오던 걸 실천하게 된다. 새 옷을 사 입으면 그날은 물론 며칠간은 기분이 참 좋다. 한때 친구들이 새 옷을 입고 모임에 나오면 착복식으로 한턱 쏘라는 말을 하곤 했으니 다른 사람들도 새 옷을 입으면 기분이 많이 좋은가 보다. 어쨌든 오늘 새 옷을 사 행복감에 젖을 것이고 요즘의 이런저런 스트레스도 확 날려버릴 것이다.

이 가게 저 가게 다니기 싫어 단골이 되어 버린 가게에서 옷을 잘 사 입는데 제발 오늘 내 마음에 드는 옷이 거기에 있어 주기를 바라며 거리 먼 쇼핑 길에 나섰다. 언제나 옛 친구 맞듯 반갑게 대해주는 주인에 마음도 편하다. 이 옷 저 옷 살피노라니 잠자리 날개 같은 망사로 된 큰 꽃무늬 옷을 권한다. 고운 옷을 좋아하긴 해도 그 옷은 너무 화려해서 소화해 낼 자신이 없어 다른 옷들을 살폈다.

주인은 안 사도 되니 부담 갖지 말고 입어 보라고 한다. 못

이기는 척 입고 거울 앞에 서니 도무지 갈피를 못 잡겠다. 마음에 들기도 하고 안 들기도 해서이다. 너무 화려한 게 흠이고 그것보다 안이 훤하게 비치는 것이 더 흠이다. 그러면 안 사면 될 것인데 그게 아니다. 그녀가 말을 늘어놓기 시작하는데 그 말들이 구구절절 옳게 느껴지기 때문이다.

내 연배인 그녀는 우리 나이에 이제는 고운 옷을 입어야 한다고 말한다. 그거야 나도 알고 있다. 속이 훤히 보여 내키지 않는다고 하니 요즘은 안이 비치는 옷이 유행이며 안에 끈 티를 입고 입으면 좋다고 한다. 내게 장롱에서 잠만 자는 그런 옷이 몇 개 있어 잘 됐다 싶다. 바지와 입어도 스커트와 입어도 어울린다고 하니 또 그렇겠구나 싶다. 젊은 사람들처럼 팔뚝을 껑충하니 내놓는 짧은 소매의 옷보다 여름이라도 하늘하늘 얇은 천으로 살이 보일 듯 말 듯 하는 긴 소매의 옷이 우아하고 매력적이라고 한다. 그 말에는 내 평소 그런 옷을 원했노라고 맞장구가 저절로 쳐졌다. 등 윗부분의 천에는 무늬가 없어 속이 더 훤히 보이지만 맨살로 더 파인 옷도 입는데 이 옷은 얇은 망사지만 몸을 가려주지 않는가 하니 그 말도 맞다. 그녀는 또 이 옷은 수입 옷이므로 전국에서 한 개뿐이고 비슷한 옷도 없다는 것을 강조한다.

전국에서 한 개?

딸이 처음 직장을 가졌을 때 정장 한 벌을 사 주었는데 그 옷을 입고 출근한 어느 날 근무시간에 헐레벌떡 집으로 왔다. 지금 본청에 들어가야 하는데 거기 무슨 과에 근무하는 여직원 한 명이 자신의 옷과 똑같은 옷을 입었기에 다른 옷을 입고 가야 한다며 옷을 부리나케 갈아입고 갔었지 않았던가.

그 옷이 그 옷 같은 남자들과는 달리 여자들은 같은 옷 입은 사람을 만나면 매우 민망스럽다는 걸 너무 잘 안다. 그러기에 가게 주인의 권유하는 옷이 전국에서 하나뿐이라는 그 말에 내 마음도 솔깃해지지 않겠는가.

그래도 안이 너무 비치는 게 자꾸 걸렸다. 그러다가 발끈 오기가 났다. 살 좀 보이는 옷을 입으면 어떤가. 젊은 여성들은 그리 덥지 않은 날씨에도 남자들 사각팬티보다 더 짧은 반바지나 스커트를 입지 않는가. 등을 맨살로 온통 다 드러내놓는가 하면 배꼽도 내놓고 가슴이 푹 파이고 겨드랑이가 훤히 보이는 수영복 같은 옷도 당당히 입고 거리를 활보하지 않는가. 그걸 아무도 나무라지 않는 분위기의 세태인데 나는 촌스럽게 뭐야. 젊은 사람들만 노출의 특권을 누리라는 법이라도 있는가. 내 멋에 살면 되지. 그 옷을 사고 말았다.

집에 와서 저녁을 먹고 나서야 그 옷을 괜히 샀다는 생각이 슬슬 들기 시작을 하는데 때를 같이 하여 남편이 옷 산 거 입어 보라는 말이 떨어진다. 옷을 입고 빙 돌아서 보이니 "헉! 허억! 아예 벗고 다니지." 하는 게 아닌가. 그 말에 나는 자다가 물벼락 맞은 듯 정신이 번쩍 들었다. 내가 젊기를 한가. 몸매가 좋기를 한가. 안이 훤히 들여다보이는 잠자리 날개옷이 뭔가. 주책바가지가 정말 따로 없다.

나는 가전제품이나 다른 어떤 물건을 구입할 때는 안 그러는데 옷 살 때면 비몽사몽이듯 판단력이 없어진다. 까무러치고 난 뒤처럼 정신이 얼떨떨하기도 하고 도깨비한테 홀린 듯 아주 내 정신이 아니기도 하다. 가게 주인의 말이 옛 성현의 말씀처럼 다 옳게 느껴지고 거울 속의 내가 그리 멋스러울 수가 없다.

어릴 때 도깨비 이야기를 많이 들었다. 캄캄한 밤에 멀리서 불빛이 반짝일 때가 있는데 그게 도깨비라고 했다. 도깨비는 대개 술 취한 사람이 야심한 시간에 공동묘지나 무덤 가까운 길을 걸을 때 정신을 빼앗는다는 것이다. 도깨비한테 홀려 산으로 들로 헤매던 사람이 "요놈의 도깨비" 하고는 꼭 잡고 집에 가서 보면 몽당빗자루더라고 하였다. 참 귀엽고 엉뚱한 도깨비다.

나는 분명 도깨비한테 홀리었다. 그러나 나는 훤히 밝은 낮 시간에 술 한 잔 입에 대지도 않은 맨정신이지 않았던가. 장소는 또 공동묘지 근처도 아닌 옷 가게가 아닌가. 왜 도깨비한테 홀리듯 정신을 못 차리는가.

요즘 도깨비는 칠흑 같은 어둠 속을 만취하여 비틀거리는 술꾼 만나기 어려우니 아예 대낮 도심의 상가에 얼씬거리나 보다. 그러다가 나같이 줏대 없는 사람을 보면 '너 잘 만났다.' 하고 홀리나 보다.

옛날 도깨비는 사람에게 골탕을 먹이기도 하지만 귀신과는 달리 해코지는 안 했다. 골탕을 먹이다가 제정신으로 돌아가게 했다.

세월 따라 시대 따라 못됐고 영악스러울 법한 도깨비, 여전히 짓궂으면서도 선하다. 옷 가게에서 나를 홀려 그 잠자리 날개 같은 옷을 입게 했다가 뒤늦게 본정신으로 돌아오게 해준 낮도깨비, 너무 고마워서 악수라도 청하고 싶다.

너 같은 딸

학교에서 돌아온 중학생인 외손녀 민서가 교내 글짓기대회에서 우수상을 받았다고 말한다. 나는 반가워서 "응 그래? 잘했다 참 기특하네." 하며 칭찬을 하니 옆에 있던 딸은 이번에도 최우수가 아니고 또 우수상이냐며 못마땅한 얼굴로 말한다.

"반에서 우수상이 아니고 전체에서 우수상이면 잘한 거 아닌가. 엄마는 칭찬을 할 줄 모른다니까."

밝던 얼굴이 시무룩해져서 나에게 하소연 비슷하게 말한다. 나는 최우수상과 우수상은 심사위원의 취향에 따라서 바뀔 수도 있다고, 우수작도 최우수작이나 마찬가지라고 역설했다. 내 말에 민서는 기분이 좀 좋아진 것 같긴 했지만 저 엄마에 대한 서운한 마음은 쉬이 풀리지 않는 듯했다.

딸이 고등학교 2학년 어느 날이었다. 나는 내 나름의 해몽으로 아주 좋은 꿈을 꾸었다. 그날 나는 오늘 무슨 좋은 일이 있으려니 하고 은근한 기대를 가졌었는데 아무 좋은 일이 일어나지 않은 채 평소와 다름없이 하루해가 저물고 있었다. 그런데 학교에서 늦게 돌아온 딸이 상주대학교(경북대학교 상주캠퍼스)에서 실시하는 '노악제 백일장'에 저희 학교에서는 다섯 명이 참석했는데 자신도 갔었다는 것이다. 나는 '오호라! 역시 꿈땜을 하는구나.' 싶었다.

중학교 1학년 때 어떤 책이든지 선택하여 읽고 독후감을 써내라는 방학숙제에 딸은 책꽂이에 있는 그 나이에는 벅찬 미국 소설가 펄벅이 쓴 장편소설 『대지』를 읽고 독후감을 써 장원을 받아오지 않았던가. 그 후에도 줄곧 문예반장 활동을 하며 글짓기 대회에서 곧잘 장원의 영광을 안았지 않았던가. 내가 꾼 꿈은 필시 딸이 장원을 할 것이란 예시의 꿈이라 믿어 의심하지 않았다.

그런데 며칠 후 학교에서 돌아온 딸이 "엄마! 나 차상이야"

하였다. 나는 대뜸 "뭐 장원이 아니고 차상이라고?" 장원이 될 것이라 철석 같이 믿었기에 너무 실망을 한 나머지 목소리 톤이 절로 높았다.

"그 많은 사람 중에 차상도 잘했지요, 엄마 딸만 글 잘 쓰란 법 있어요. 엄만 왜 그렇게 욕심이 많아요, 칭찬은 못해 줄망정"

딸은 이렇게 쏘아붙이고 방으로 휙 들어가 버렸다. 엄마로부터 칭찬을 받으리라 믿었던 딸은 나의 의외의 실망어린 말에 마음에 상처를 받은 것 같았다.

『대지』의 독후감을 계기로 장래 문학평론가가 되겠노라고 했던 딸은 지금 공직자의 길을 걷는 가운데 책은 여전히 많이 읽지만 문학에의 꿈은 완전히 접었다. 문학을 포기한 그것이 어쩌면 내가 백일장 차상에서 칭찬을 하지 않고 몹시도 서운해 하였던 그 탓이었을 것 같은 생각을 떨쳐버릴 수가 없다.

부모가 자식을 키우면서 특히 엄마들이 딸에게 일쑤 하는 말이 있다. '시집가서 너 같은 딸 낳아라.' 하는 말이다. 너 같은 딸이라 함은 딸의 좋은 점을 두고 말할 때가 아니고 딸이 속을 태워주기 때문에 화가 났을 때 잘 쓰는 이른바 악담이다.

나는 어머니 속을 많이도 끓여드리며 자랐지만 어머니로부터 그런 악담을 들은 적이 없다. 나 역시도 결혼해서 딸이 어른이 되도록 그런 말을 한 번도 하지 않았다. 우리 어머니의 악담이 없었던 탓인지 '딸은 엄마 닮는다'는 속설을 무시하고 내 딸이 못난 나를 안 닮은 건 다행이다.

그런데 백일장에서 자기 딸이 최고의 상을 못 받은 것에 대한 실망과 그에 대한 섭섭함을 내비치는 일은 나와 내 딸이 어찌 그리 같은지 모르겠다.

딸은 그때의 나에 대한 서운함을 기억하고 있는지 아니면 까맣게 잊었는지 모르지만 그때 일이 생각났더라도 자기 딸의 백일장 우수상에 대한 서운함은 어쩔 수 없었으리라.

내 진즉에 우리 딸에게 너 같은 딸 낳으라는 악담 한 번 했으면 외손녀가 저 엄마 닮아 우수상 아닌 최우수상을 한 번쯤은 타서 저 엄마의 마음을 기쁘게 했을 텐데 내 잘못이다. 너 같은 딸 낳으라 하고 악담하지 않은 잘못.

할머니의 칭찬보다는 엄마의 칭찬이 더 듣고 싶었을 민서일 것이다. 그러나 할머니인 나만이라도 글 잘 쓴다고 칭찬을 많이 해 주어야겠다.

마감 하루 전

상주문인협회 회원의 한 사람이기에 1년에 한 번 발간하는 상주문학지에 내 수필이 실린다. 그런데 나의 의사와는 상관없이 상주문학지에 실린 글이 곧이어 상주신문에 실리곤 하였다. 그랬는데 1년에 한 번으로는 아쉬웠던지 2년 전 어느 날, 상주문인협회 전 회장이며 한국문인협회 부이사장이신 박찬선 선생님으로부터 상주신문의 수필 연재 부탁을 받았다. 신문사에서 그 선생님에게 나의 수필 연재를 부탁한 모양이다.

난감했다. 어쩌다가 한 편은 몰라도 연재는 정말이지 자신이 없기에 못 쓰겠다고 하였다. 그러나 나의 어떤 말도 귀 기울여 주시지를 않고 우선 글 한 편 보내라는 명령(?)이셨다. 내 일도 아닌 오늘 낮 12시까지로 두 시간의 여유밖에 없는 다급함에 얼떨결에 원고 한 편을 보낸 것이 계속 원고를 보냈고 그러구러 2년이 되었다.

신문을 격주로 발행하는데 오늘 또 여직원의 전화를 받았다. 수필을 연재하는 동안 대개 신문 발행일 일주일쯤 앞두고 전화가 오는데 이번엔 신문을 받기도 전에 그러니까 신문을 발행한 날 다음 신문에 게재할 원고 부탁을 미리하는 것이다. 내가 언제나 원고를 보내라는 날짜 전에 여유 있게 보내는 일이 없이 하루나 몇 시간에 목을 매는 일을 보이곤 하니 이번엔 여유 있게 글을 쓰라고 하는 배려 같다. 특히 원고를 금요일 오전까지가 아니고 그냥 금요일까지 보내라고 할 때는 금요일 오후에 보내도 토, 일요일은 근무를 안 하니 어차피 월요일에 출근을 하여 원고를 보지 않을까 하는 계산을 하고는 이틀이란 시간을 벌어놓은 적도 있었던 것이다.

다음 신문 나올 날짜를 알고 있으니 글을 서둘러 미리 써 두면 되지 않느냐고 하겠지만 그게 또 그렇게 되지를 않으니 탈인 것이다. 연재를 맡았으면 전화가 아니 와도 원고를 써 놓아야 하건만 나는 원고 청탁의 전화를 받아야지만 글이 써지니 알 수 없는 노릇이다.

그런데 사실은 원고를 미리 여유 있게 시간을 주고 청탁을 해도 나는 늘 미리 써놓지 못한다. 언제나 마감 며칠 전에 초고, 하루 전에 퇴고를 하느라 동동거리며 곤욕을 치르니 나의 글쓰기 버릇은 정말 잘못 길들여졌다. 글을 써서 며칠 두고 다시 읽어보면 반드시 퇴고해야 하는 부분이 나오고 다시 읽으면 또 나오곤 하는데 언제나 황급히 글을 써서 보내곤 하니 글이 미숙할 수밖에 없겠다.

글을 쓰는 사람들은 좀 더 좋은 글을, 독자가 감동을 받는 글을 쓰고 싶어 한다. 그러나 그게 뜻대로 되지 않으니 고민이 거기에 있다.

글 쓰는 사람들은 그 나름의 글 스타일이 있다. 다른 사람의 글이 좋다고 그 사람의 글을 흉내 낼 수 없다. 새들이 저마다 다른 목소리로 다른 노래를 부르고 꽃들은 서로 다른 향기를 내뿜지 아니하는가. 까치가 꾀꼬리 소리 흉내를 아무리 내려 해도 안 되듯이, 밤꽃이 아까시꽃 향기를 날려 보내고 싶어도 안 되듯이 글도 마찬가지이다. 내 특유의 노래를 부르고 나만의 향기를 날려야 하는 것이다.

언제부터인지 모르지만 나의 스타일이 된 내 글의 흐름, 독자들은 어떻게 평을 하는지 모르겠다. 알맞게 빠른 템포가 생기를 주고 군더더기가 없다는 어느 소설가의 평이 제일 기억에 남는다. 또한 서두는 시시하게 느껴져 이 사람이 뭐를 쓰려는가 하고 읽다 보면 작품 속에 빠지고 좋은 글이라는 생각을 하게 한다는 문우도 있다. 글을 읽고 나면 깍두기를 먹고 난 뒤처럼 상큼하다고도 하는 분도 있고 필력이 있다는 말도 들었다. 가장 많이 들은 평은 글을 물 흐르듯이 재미있게 시원하게 쓴다는 것이다.

물은 높은 데서 낮은 데로 흐르니 쉽게 흐른다. 그 물 흐르듯이 쓴다고 하는 나의 글이 요즘은 왜 그리 막히는지 모르겠다.

보름의 여유가 있건만 그 긴 날들에 난 또 그리 바쁘지도 않은 일로 해찰을 실컷 부리다가 마감 하루 전에 가서야 마음의 동동걸음을 치겠지.

쉽게 읽혀도 결코 쉽게 써지지 않는 글쓰기. 하고 싶은 말이 참으로 많았는데 컴퓨터를 열어 자판기를 두드리노라면 그 많은 생각들이 어디론지 다 달아나 버려서 손동작 멈춤을 하고 멀뚱히 빈 벽을 바라보기 일쑤다. 그럴 때면 '쓴다는 것은 하나의 기술'이라고 한 프랑스 여류작가 시몬느 드 보봐르의 글귀를 떠올리며 나에게는 글 쓰는 기술이 없음에 한숨짓는다. 그러다가 또 한편으로 글 잘 쓰는 수필가로 너무나 유명하고 번역가, 영문학자이기도 했던 고 장영희의 '짧은 글 한 편 쓰는데 글이 술술 안 나와 머리를 벽에 박았다.'는 하소연에 용기를 얻기도 한다.

이번엔 원고 마감 하루 전날이 시어머님 기일이다. 제사 준비로 며칠 전부터 준비에 들어가야 하니 마감 하루 전은 안 된다. 미리 글을 써야 한다. '마감 하루 전'의 나의 나쁜 글쓰기 버릇을 이번 시작으로 고쳐졌으면 좋겠다.

미인은 아무나 되나

"할머니! 속눈썹 히히"

식탁 맞은편에서 어린 친손녀와 외손녀가 똑같이 나를 보고 집에서 했던 말을 또 한다. 생각할수록 신기하고 생각할수록 우스운가 보다. 저네 엄마들은 마스카라조차 하지 않는데 할머니가 난데없이 가짜 속눈썹을 붙였으니 어찌 안 신기하랴.

애들의 말에 옆에 앉은 딸이 빙긋이 미소 지으며 나를 보다가 놀란다.

"어~어! 그거나마 한쪽 눈썹은 떨어지고 없네요. 으허허허"

이런 기막힐 노릇이 있는가. 도대체 속눈썹은 언제 떨어져 나갔는가. 내게로 와서 악수를 청하며 축하한다는 인사를 한 작가들이 많았다. 특히 부산의 L선생님은 나와 눈 맞춤을 더 오래 했는데 분명 내 짝눈 감상하느라 그러셨나 보다.

한국수필문학가협회 주최 제17회 수필문학상을 수상하게 되었다. 수상자 발표가 나자 축하의 전화와 메시지를 문우들로부터 받았는데 그날 많은 문인들이 예쁘게 한복을 입고 오라고 했다. 그런데 대구에 사는 L후배 문우는 한복 말은 하지 않고 그냥 예쁘게 하고 오라고만 했다. 꽃다발 가지고 축하하러 가겠으며 사진도 찍어주겠다고 하면서.

'예쁘게 하고 오라!'

오래전 전국 가계부 심사에서 특상을 탔을 때와 문화방송 경향신문 주최 생활수기 공모전에서 최우수상을 탔을 때는 전국으로 나가는 텔레비전 출연을 하였는데도 젊어서 그런지 얼굴에 별로 신경이 안 쓰였다. 그런데 이번은 텔레비전에도 안 나가고 시상식 자리에는 작가들일 뿐일 텐데 자꾸 얼굴에 신경이 쓰였다. 그런데다 문인들까지 예쁘게 하고 오라 하니 더욱 얼굴에 신경이 쓰였다.

그래 특별한 자리이니 예쁘게 하고 가리라. 그런데 어떻게 하고 가면 사람들에게 예쁘게 보일까? 키 작은 건 늘릴 수 없는 법, 화장품에 매달리는 수밖에 없을 것 같다.

여자들은 나이가 들수록 화장품 가지 수가 많아진다는데 내 화장품 가지 수는 언제나 그대로다. 그런데다 대충 찍어 바르는 습관에다 화장기술도 없다. 그렇다고 신부 화장하듯 돈 들여 미장원에 부탁하는 요란을 떨 수는 없어 평소대로 하되 눈 화장을, 즉 마스카라를 하고 인조 속눈썹을 붙이리라 하였다.

예쁘게 하고 오라는 후배가 지난 설에 마스카라가 든 화장품세트를 선물로 보냈다. 누구나 선물을 할 때 무턱대고 물건을 사지 않는다. 받는 사람에게 필요할 성싶은 물건을 깊이 생각하여 선택하지 않는가. 그 마스카라 선물을 예사로 생각해서는 안 될 것 같았다. 어느 해 겨울 여행에서 사진을 찍을 때 손이 너무 시리어서 꽁꽁 어는 줄 알았다는 나의 글을 읽고 따뜻한 등산용 장갑도 사서 보내지 않았던가. 그런즉 하고 많은 물건 중에 마스카라를 선택했을 때는 마스카라가 나에게 가장 적당하다는 그녀 나름의 뜻이 있었을 게다. 내 짧은 속눈썹과 처져가는 눈꺼풀을 보고 눈 화장을 했으면 하는 마음이 들었을 것이리라.

'그래 맞아, 마스카라를 하고 인조 속눈썹도 붙이고 가리라.'

시상식 날 마스카라 칠은 내가 하고 인조 속눈썹 붙일 자신이 없어 딸에게 부탁했다. 한 번도 사용해 보지 않았다는 딸은 속눈썹을 번갯불에 콩 굽듯 빨리도 붙였다. 모르긴 해도 인조 속눈썹을 진짜 속눈썹과 함께 기술적으로 위로 살짝 올려주어야 할 것 같은데 그런 절차가 없다. 내가 다시 어떻게 해 보려다 그만두었다. 서툴게 하다가 오히려 이상하게 될까 두려워서였다. 아니 굳이 그렇게 할 필요가 없을 것 같았다. 그렇게 하지 않아도 마스카라 칠하고 난생처음 인조 속눈썹을 붙인 거울 속의 내 눈은 본래의 눈보다 크고 매력적으로 보였기 때문이다. 거울을 보고 또 보며 회심의 미소를 지었다.

그런데 수상소감을 발표하려고 의자에서 일어나려는데 왼쪽 속눈썹이 떨어지려 하는 것 같았다. 당황하여 손으로 꼭꼭 누르고 단상에 올라갔다. 수상소감을 발표하려고 집에서 써 가지고 간 원고를 펴니 이런! 이런! 그게 완성된 새로 쓴 원고가 아닌 지저분한 초고가 아닌가. 너무 당황한 나는 그때부터 가짜 속눈썹이 떨어지려 했다는 것을 잊었다. 아니 속눈썹을 붙였다는 그 사실조차 까맣게 잊었다.

내가 다른 두 명의 수상자와 함께 미리 인사를 나누었으면 그 누구도 내 눈을 유심히 들여다볼 여유가 없었을 것이다. 차가 막혀 식장에 조금 늦게 도착한 연유로 수상소감 발표가 끝난 후 수상자 자리에 앉았을 때 선후배 문우들과 별도로 인사를 나누었다. 그 자리에서 인사를 못 나눈 문우들은 또 식사하는 자리로 와서까지 축하한다는 말을 했다. 그러니 그 작가들의 눈에 내 짝눈이 더 쉽게 눈에 띄었을 것이다. 인조 속눈썹 붙인 걸 여전히 생각 못한 나는 눈을 치뜨고 상대편 눈을 응시하며 이야기를 했으니 그들이 내 짝눈을 보고 얼마나 민망했을까. 이제라도 쥐구멍을 찾고 싶다. 문인들은 내가 무안할까 봐 모른 척하였을 것이다.

인조 속눈썹은 왜 그렇게 쉽게 떨어졌을까?

속눈썹 붙였다고 미인이 되는 건 아니지만 좀 더 예쁘게 보이고 싶었던 나의 꿈은 이루지 못했고 망신만 당하게 되었다.

미인은 아무나 되는 게 아닌걸.

비자금

한 달에 한 번 만나는 친목계에서 조금 무리해 가며 얼마씩의 돈을 갹출해서 3년짜리 적금을 부었는데 만기가 되었다. 애초의 계획은 해외여행이었는데 해외여행은 흐지부지되고 나누어 가지게 되었다. 돈을 내며 해외여행에의 부풀었던 꿈이 풍선 바람 빠져나가듯이 꺼졌는데도 아무도 해외여행 타령을 하지 않는다. 해외여행보다는 현금을 택한 회원들은 거의 다 만족스러운 표정이다. 해외여행은 가족끼리 가라는 한 회원의 말 한마디가 힘이 실린 것 같다.

한 회원이 남편들한테는 비밀리에 부쳐달라고 간곡히 부탁한다. 대개의 남자들이 살림 사는 일에 시시콜콜 관여 안 하지만 나이 들수록 쪼잔해지는 남편 때문에 스트레스를 받는다고 하소연하는 친구다. 남편들이 동창모임을 가진, 그러니까 애초 그 동창의 아내들이 모임을 만들어 만나는 친목계이니 누구 한 사람 남편한테 알리면 모임에 나가 무심코 말할 수가 있다는 염려다.

쌈짓돈이 주머닛돈이라는 생각으로 남편한테 말을 안 하고 비자금으로 갖고 싶었던 나는 친구의 부탁이 반갑기도 했다. 다른 회원들도 그런 눈치다.

사람이 나이 들수록 지갑을 자주 열라고 하는데 돈이 있어야 지갑을 열든가 말든가 하지 돈 없는 지갑 백 번 열면 뭣하는가. 돈이 있어야 자식들한테 떳떳하고 돈이 있어야 손주들에게 용돈 자주 주어 멋진 할매가 되겠지.

실제 내가 돈 많은 할머니로 맏이인 윤서는 알고 있다. 어느 날 "할매 나 차 사줘" 하지 않던가. 장난감 차 사듯이 쉽게 승용차 한 대쯤 할머니 비자금으로 사 줄 능력이 있는 것으로 그 애는 알고 있다. 고등학생으로. 저 엄마가 상전 모시듯 학교 태워주고 태워오고 하는데 차가 뭐 필요한가 했더니 대학 들어가면 직접 차를 몰고 등하교를 하겠다며 미리 부탁을 하는 것이다.

돈이 없으면 집에 가서 빈대떡이나 부쳐 먹으라고? 빈대떡의 재료인 녹두가 얼마나 비싼데. 돈이 없으면 빈대떡도 못 부쳐 먹을 터.

은행으로 한걸음에 달려가서 통장에 넣었다. 내 비자금 통장에 넣고 나니 마음 든든하고 '돈이 없는 자는 이빨 없는 늑대'라 하는 프랑스 속담까지 생각났다.

한 달 후 모였을 때 다들 그 돈을 어디에 썼느냐며 한 회원이 궁금해 못 견디겠다는 듯 묻는다. 돈은 있으면 쓴다는 말이 있는데 그 누구도 돈을 쓰고 없다는 말을 안 한다.

한 회원은 자기는 돈을 보태어서 펀드에 넣었다고 한다. 재테크 잘하여 재산 많이 불려 놓은 친구다. 펀드란 말을 처음 듣는 건 아니지만 그런 것에 도통 어두운 내가 재테크 친구에게 어떻게 거기에 넣을 생각을 했느냐고 멍청한 얼굴로 물었다. 재테크 친구는 "내가 재테크 잘하잖아" 하며 자신 있게 말한다.

아닌 게 아니라 그녀는 돈 불려 놓는 재주가 있다. 재테크로 모은 돈이 몇 억이 된다고 언젠가 내게 말했지 않았던가.

그 말을 들은 한 친구가 자기는 그런 위험한 데 안 넣는다고 말하는데 그 얼굴 표정이 아주 당당하다. 그도 그럴 것이 이 친구는 어딘가에 있는 땅 팔아 어딘가에 땅을 사 놓았는데 그것 때문에 남편에게 원망도 많이 들었지만 몇 년 지나지 않아 그 자리에 무슨 건물이 들어서게 되어 보상을 많이 받아 알부자가 되었다. 그러니 어찌 당당하지 않으랴.

나는 좀 머쓱해졌다. 불어나지 않는 입출 예금통장에 넣어 놓고 흐뭇해 한 자신이 우습게 느껴졌다. 돈이 생기면 통장에 넣을 줄밖에 모르니 어찌 안 그러랴. 금리가 곤두박질치다가 또 치다가 아예 0이 되어도 나의 돈 관리법에는 변함이 없을 터, 비자금 조금 생겼다고 거실 소파에 앉은 남편 앞에서 속으로 '용용 모르지?' 으스대며 왔다 갔다 한 자신이 우습기까지 하다.

그래도 비자금은 좋다.

사발소주

현관문을 열고 들어서는 남편을 평소와는 달리 얼굴부터 살폈다. 그도 그럴 것이 오늘은 그이가 특별한 모임의 여행을 한 날이기 때문이다.

남편이 지금은 공직에서 물러난 퇴직자여서 술을 거의 마시지 않지만 현직에 있을 때는 술을 좀 마셨다. 남자들은 술을 이런 사람과도 마시고 저런 사람과도 마신다고 생각하는지 모르겠으나 아내 되는 사람들은 아마도 누구와 잘 마신다는 그 누구 한 사람을 지적하고 있다 해도 그릇된 말은 아닐 것이다. 나에게 있어 그 누구는 S씨이다. 그분과 함께 술좌석이 벌어졌다 하면 그날은 그이가 얼큰하게 취하여 늦게 들어오는 날이다. 그래서 S씨는 나한테 일찌감치 미운털이 박혔다.

어느 해이던가 부부동반으로 야유회를 갔는데 당연히 술좌석이 벌어졌다. 저만치 떨어져 앉아 있던 S씨, 자신의 자리를 이탈하여 우리 쪽으로 다가와 술을 끈질기게 권하였다. 그이는 술이 잔에 차는 즉시 홀짝거렸고.

자리를 바꾸며까지 술을 권하는 이유는 정이 특별나서라는 걸 내 어찌 모르랴. 그러나 그게 나에게는 반갑지 않은 것이다.

밉다 밉다 하니 미운 짓만 한다던가? S씨는 눈치 없이 나에게도 권하여 곤욕을 치렀는데 나는 술을 받아서 마시는 척 입에 대고는 얼른 버리는 요령을 피웠다. 그런데 남편은 계속 그 S씨와 부어라 마셔라 했다. 두 분뿐 아니라 다른 남자분들도 가뭄에 단비 맞은 상추처럼 생기발랄하여 이보다 더 큰 행복은 없다는 듯 술들을 마시니 술 못하는 나로서 고개가 갸웃거려질 뿐이었다.

약 싫어하는 어린아이 강제로 약 먹이듯 꼭 껴안고 술을 입에 퍼 넣지 않는 다음에야 안 마시려 들면 얼마든지 안 마실 수 있는 술, 잔에 붓는다고 성급하게 마시는 남편을 미워해야 하는데 그 친구가 밉고 못마땅했다. 그렇다고 그런 자리에서 남편을 향해 술 마시지 말라며 눈치 줄 수도 없고 S씨한테 '저이한테 술 권하지 마세요.' 할 수야 없지 않은가.

S씨는 몇 번이나 자신은 아침마다 며느리가 쑥 생즙을 만들어주어 그걸 마시므로 웬만큼 술을 마셔서는 끄떡없다며 건강 자랑까지 하며 술을 마셨다. 우리는 쑥 생즙 만들어 줄 며느리도 멀리 살고 나도 쑥 즙내어 남편에게 바친 적 없으니 쑥 생즙 날마다 마신 사람이나 원 없이 마시라고 마침 상 위에 있는 사발에다 술을 따라 권하였다.

막걸리는 대개 사발에다 마시고 소주잔은 작은 것 보면 소주를 많이 마시면 해롭다는 것쯤 술에 대해 무지해도 내 어찌 모르랴.

어쨌든 나는 S씨가 술이 떡이 되어야 더 이상 남편에게 술을 안 권할 것이라는 판단에서, 또 평소에 남편에게 술을 퍼먹인(?) 괘씸죄를 적용하여 사발술을 권하였던 것이다. 사발술을 권하긴 했으나 설마 다 마시리라고는 생각 아니 했는데 S씨는 그 술을 다 들이키지 않는가.

남자에게 있어 제어하기 어려운 술, 여자, 노래 3가지 중에 그 첫째가 술이라고 한다지만 사발소주를 마시다니.

노천명 시인은 남자가 되어 가지고 한 잔 술도 못한다는 사나이를 보면 고리타분한 게 빽빽하고 답답해 보여 말을 건네기조차 싫다고 하였다. 나는 그 정도까지는 아니지만 술 못하는 남자는 매사에 너무 완벽한 것 같아 어느 정도는 마셔야 매력 있다고는 생각했다. 그러나 사발막걸리라면 몰라도 사발소주는 절대 아니다.

'S씨 설마 잘못되지는 않겠지'
'괜히 사발에 술을 부어 주었어'
'생 쑥즙을 많이 마셨다잖아 걱정 안 해도 될 거야'

돌아오는 버스에서 쓰러져 잠을 자는 S씨에게로 자꾸 눈길이 갔다. 저러다 아주 못 일어나는 건 아닐까. 혼자 별생각을 다 하며 불안해했다. 사발소주를 권한 게 후회막심이었다. 즐거웠던 나의 여행 기분은 사발소주 때문에 엉망이 되었다. 그런데 쑥 생즙 효험인지 S씨는 좀 이어 "어! 잘 잤다." 하며 거뜬히 일어나지 않는가. 그 순간의 반가움이란….

오늘 남편은 퇴직자들끼리 야유회를 갔다. 그 S씨가 어찌 안 떠오르겠는가. 나는 여전히 그에게 쑥 생급 해 주지 않았고 그런 관계로 과음하면 안 되겠기에 S씨 곁에 앉지 말라고 당부를 했다. 그리고는 하루 종일 그림을 그리고 있었다. 남편에게 "자 마셔 마시라고, 나한테 사발소주 부어 준 제수씨는 그래 잘 있는가?" 하며 술을 신나게 권하는 S씨, 안계장 바소쿠리만큼 입 크게 벌려서 "허허 이 사람아 제수씨가 뭔가 형수씨지, 어쨌거나 참 반갑네, 우리 오늘 입 비뚤어지도록 마셔보세" 하며 연신 술잔을 들이킬 남편,

그런데 현관을 들어서는 남편의 얼굴은 불그레하지도 않고 게슴츠레하지도 않고 뽀송뽀송 아침의 그 얼굴이다. 우리 여자들도 데려갔으면 내 그 S씨한테 사발소주를 권할 텐데 애석해했던 마음이 머쓱해진다.

나이가 나이니만큼 몸 생각들을 하여 술을 자제한 모양이다.

늙는가 보다. 나이는 그저 더해지는 게 아닌가 보다.

윤준이

"윤준아!"

"응?"

그렇게 생각해서 그런지 손녀 윤준이 얼굴이 많이 밝은 것 같다. 윤준아 하고 부르면 응하고 대답하는 목소리도 전에 없이 상냥한 것 같고.

사람은 누구나 타인에 의해 이름이 주어진다. 자신이 좋은 사주로 태어났으면 싶은데 그런 희망 사항과는 상관없이 이미 어느 날 어느 시에 태어났듯이 이름도 마찬가지다. 누군가에 의해 이름이 지어져 있고 그 이름으로 평생 불린다.

그런데 많은 사람들이 자기 이름에 만족해하는 것 같지가 않다. 다른 사람이 생각할 때 괜찮게 생각되는 이름도 본인이 마음에 안 들어 하는 경우가 많음을 본다. 이름이 못마땅해서 어렵게 개명을 하여놓고 마음에 안 들어 하기도 한다. 무엇보다 이상한 건 거금을 들여 작명가에게 지은 이름이 다른 작명가가 나쁘다는 말을 할 때이다.

아버지가 지으셨다는 순혜란 내 이름에 대해 나의 불만은 대단했다, 이름이 미워서가 아니라 언니들 오빠들 동생은 물론 4촌 6촌까지 많은 형제자매 이름이 돌림자 이름인데 내 이름은 돌림자가 들어있지 않아서였다. 이웃집 아줌마는 걸핏하면 나를 공굴 다리 아래서 주워왔다고 놀렸으니 이름 때문이란 생각이 들기도 하여 불만은 더욱 컸다.

내 이름에 대한 불만도 큰데 어머니의 이름은 불만스러움을 지나 창피하기까지 하였다. 왜 어머니 이름에까지 신경을 그리 썼는지 지금 생각하면 어이가 없다. 그러나 그때는 그랬다. 너무나도 싫었다. 초등학교에 함께 들어간 이웃의 재숙이가 다른 애들 있는 데서 “순혜네 엄마 이르므~은….” 하면서 나를 보고 배시시 웃으면 내 가슴은 마구 쿵쾅거렸다. 재숙이의

입을 내 손으로 틀어막고 싶었다. 재숙이는 내 마음을 꿰뚫고 있었고 재미있다는 듯 그 야릇한 미소를 거두지 않았다. 한 술 더 떤다. "순혜네 엄마 이름은 오 오 오…." 하는 것이 그것이다.

동네 반장인 저 아버지에게서 우리 어머니의 이름을 들어 알게 된 이 친구는 마치 다른 사람은 모르는 내 약점을 혼자만 아는 것처럼 으스댔다. 나보다 키도 크고 허리통도 굵은 친구다. 그런 재숙이 입을 내 무슨 수로 막을 건가. 공부야 내가 더 잘하지만 그건 그 애 입을 막는 데 아무 소용이 없었다.

너무나 촌스러운 울 엄마 이름, 괴상하기까지 한 그 이름 김옹중악(김擁中岳). 아기 때 하도 옹중하고 예뻐 옹중아기라고 부르다가 그만 발음 그대로 호적에 올렸다는 어머니 이름이 너무나 싫었다.

윤준이가 자라면서 자신의 이름을 불만스러워한다는 소리를 며느리한테 듣고 놀랐다. 남자 이름 같다는 것이 이유라고. 내 이름과 어머니 이름으로 어릴 때 마음의 상처 크게 받았던 나는 윤준이 심정을 이해할 수 있었다. 이름이 여성스럽지는 않지만 대단히 남자 이름 같지도 않은데 본인이 그렇게 느끼며 싫다는 데야 나무랄 수 없었다. 결국 며느리는 유명하다는 작명철학연구소에 가서 이름을 지어왔다. 미서(尾西). 꼬리 미에 서쪽 서라니? 작명가 나름의 뜻이 있는지 몰라도 나는 생각할수록 그 이름이 싫었다. 윤준이도 싫다고 했다니 개명을 하려면 본인이 이름을 직접 짓는 수밖에 없을 것 같다.

여성 문인들 중에는 이상하게도 남자 이름 같은 이름이 많다. 한 여류는 세미나 때 배정받은 방으로 들어가니 남자 문인들 방이더라고. 이름이 남자 같아서 벌어진 에피소드였다 한다. 내가 첫 문학세미나 때 서당골에서 같은 방을 사용하게 된 문우 송칠성 만큼이나 남자 이름 같았나 보다.

윤준이는 이상하게도 저 엄마한테는 이름이 싫다고 하면서도 할머니인 나한테는 불만의 표시를 하지 않았다. 살짝 남자 이름 같이 짓고 싶다는 며느리의 원에 따라 할머니와 엄마가 의논하여 지은 이름이란 걸 알면서도.

자신의 이름에 그리도 신경을 썼던 윤준이가 중학교 들어간 후 이름으로 인한 스트레스를 떨쳐버리게 되었다고 한다. 자기보다 훨씬 남자 이름 같은 정필이란 학우 때문이라나.

그 정필이란 학생으로 하여 윤준이가 자신보다 더 남자 이름 같은 친구가 있고 그 이름으로 하여 고민하지 않게 되었으니 정필이란 학생이 고맙단 생각이 든다.

윤준이는 앞으로 자신의 이름보다 더 억센 억양의 여자 이름이 많다는 걸 알게 될 것이다. 또한, 이 할머니처럼 이름 가지고 괜한 신경을 썼다는 것도 느끼며 미소를 지을 것이다.

"윤준아!"

"응?"

윤준이 대답이 상냥하다.

2

주막집에서

까무러칠 것 같다

요즘 자꾸 기운이 없고 어지러운 증세도 있다. 남편은 내가 해마다 3월만 되면 한 번씩 아프다고 어느 날 말했었다. 그러고 보니 일 년에 한 번씩 걸린 감기는 꼭 3월이었고 지난해 3월 어느 날엔 아침에 일어나다 천장이 빙빙 돌아 방 안에서 쓰러졌던 이석증이란 병을 앓았다. 그러나 올해는 3월을 무사히 넘겼는데 4월이 되니 조금씩 어지럽고 멍한 기분이니 웬일인지 모르겠다. 이석증은 재발이 잘 된다고 의사가 말했는데 너무나 어지럽고 물만 마셔도 구토를 했던 그 무서운 이석증이 재발하려는 건 아닌지?

지난해 이석증도 하루아침에 증상이 나타나 쓰러진 게 아니었다. 전조증상이랄까 요즘처럼 며칠 전부터 조금씩 어지럼증이 있었던 것이다. 또 이석증이 오려는가? 아니면 요즘 다투어 한꺼번에 피는 봄의 꽃들, 그 향기에 내가 그만 까무룩 취해버려 어지러운가?

정신 차리자. 내 다시 이석증에 걸리지 않으리라. 꽃들의 향기에도 취하지 않으리라. 꽃향기에 취하지 않으려면 꽃향기보다 더 짙은 분 내음 풍겨야겠지. 그래서 오늘 화장을 진하게 했겠다. 뒤 방천둑길이라도 운동이란 명목으로 걷기 위해서 집을 나섰다. 그런데 몇 걸음 못 가 발걸음을 멈췄다. 이웃에 사시는 할머니가 대문 앞에 서 계셨기 때문이다.

이 할머니와는 이웃이어도 내가 할머니 사시는 집 쪽으로는 잘 다니지 않아 만나기가 쉽지 않았다. 어쩌다가 만나도 할머니는 경로당을 가시는 길이거나 어딘가를 다녀와 대문 안으로 들어가시곤 하였던 것이다. 대화를 나누고 싶어도 인사를 하는 외에 한마디 말도 할 수가 없었다. 하여 오늘 나는 한가로워 보이는 할머니가 여간 반갑지 않았다.

점심은 잡수셨냐고 형식적인 인사가 아닌 진심으로 궁금하여 물었다. 며느리가 돼지고기를 볶아 점심상 차려놓고 일 나갔는데 목으로 잘 안 넘어가 조금 먹었다고 하신다. 그러면서 나이 먹으면 돈 있어도 쓸 데가 없고, 맛있는 음식도 없고, 먹고 싶은 게 없다며 젊을 때 부지런히 좋은 거 맛난 거 사 먹으라고 하신다. 돈 모으려 애쓰지 말고 어쨌든지 간에 맛있는 거 사 먹으라며 친정엄마 같은 당부를 거듭하신다.

할머니는 100세이시다. 허리가 꼿꼿하고 머리숱도 많고 귀도 밝다. 삶의 곤때라곤 찾아볼 수 없는 뽀얀 얼굴 한쪽에 갯바위 같은 검버섯만 없으면 팔십 중반이라 해도 의심할 사람 없을 것 같다.

요즘 100세 시대라고들 말하지만 텔레비전에 나오는 내가 본 장수노인들 대부분은 허리가 구부정하였다. 허리가 굽지는 않았어도 걸을 때 몸을 앞으로 엎어질 것 같은 자세로 걷곤 하지 않던가. 그런데 할머니는 장수 노인에게서 흔히 느낄 수 있는 그런 자세를 그 어디에서도 찾아볼 수가 없다.

나는 100세까지 살고 싶지 않고 살 자신도 없다. 그러나 할머니를 뵐 때마다 어찌 저리 깨끗하게 건강을 유지하고 나이를 드실 수 있을까 알고는 싶었다. 할머니의 건강 비결이 뭘까? 함께 사는 아들과 며느리의 효도인가? 아님 꾸준한 자기 관리?

성격도 상냥하셔서 내가 어떤 질문을 해도 친절히 답해 주실 것만 같다. 그러나 나는 식사하셨냐는 말 외에 더 이상 아무것도 묻지 못하고 머쓱하게 서 있어야 했다. 한 여인이 자전거를 와르르 타고 오다가 내려 할머니에게 인사를 하고 두 분의 이야기가 길게 이어졌기 때문이다.

집에 있으려니 몸이 처지고 가라앉아 자전거 타고 한 바퀴 돌고 온다는 여인, 두 분은 서로 다른 경로당에 나가므로 이야깃거리가 많나 보다. 내가 끼일 틈이 없다. 오늘이 며칠이고, 무슨 요일이고, 무슨 요일에 경로당에서 행사가 있고, 그 날은 어느 식당에 가서 식사를 한다고 말하는 할머니. 오늘이 화요일이든가, 수요일이든가 잠시 헷갈렸던 나는 기억력 좋은 할머니가 예사로 보이지 않았다.

할머니는 살아오면서 가스불에 냄비 태운 적 없었을 것 같고 장보아 냉동실에 넣은 식품 잊고 한세월 두는 일도 없었으리라. 다리미 코드를 안 뽑고 시장가다가 화들짝 놀라 부랴부랴 집으로 되돌아갔던 적도 없었을 것 같고 내가 뭐를 가지러이 방에 들어왔더라? 하며 고개 갸웃거린 적도 없었을 것만 같다.

암보다 더 무섭다고 하는 병 치매, 나이가 많지 않음에도 그걸 앓는 사람이 많은 요즈음 할머니는 나이 더 드셔도 치매는 물론 건망증 증세도 오지 않을 것 같다. 요즘 건강검진을 하면 심뇌혈관 나이가 적혀 나오지 않던가. 만약에 기억력 수치도 나온다면 할머니의 기억력 나이는 아마도 오십 중반쯤으로 나오지 않을까 하는 생각이 든다.

할머니라고 100년을 살아오신 동안 어찌 크고 작게 앓은 적이 없었을까만 내 앞에 서 계신 할머니는 암만 봐도 한평생 무병으로 살아오신 것만 같다.

할머니가 갑자기 세월 빠른 넋두리를 하신다. 이에 한숨 쉬며 맞장구치는 자전거 여인. 자전거 여인의 나이가 갑자기 궁금해졌다. 그래서 나이를 물었다. “내 나이 올해 구십둘이요.” 목소리도 크고 당당하다. 그러고 보니 얼굴에 주름이 자글자글하다. 언뜻 보아 건강하게 느껴졌고 자전거까지 타는지라 구십 대로 보지 않았던 것이다.

100세 할머니의 건강에 놀란 내 가슴이다. 92세로 자전거

페달을 밟아 시내를 씽씽 달리는 여인의 건강에 또 놀라서 나 까무러칠 것 같다. 이석증 재발로 쓰러지기 전에 그 먼저.

다랑논

지금 다랑논을 내려다보고 있다. 전국의 사진가들이 모여드는 크고 유명한 다랑논은 아니다. 두메나 산골의 산자락에 층층 계단을 이룬 가파른 다랑논도 아니다. 그러나 이 다랑논도 한 풍경한다. 이 다랑논 동쪽과 북쪽은 고층 아파트가 들어선 빌딩숲이고, 서쪽은 낭만적 오솔길을 사이로 나지막한 산이 있다. 남쪽으로는 바라보면 마음 편안해지는 단층의 집들이 동네를 형성하고 있고.

농촌에서나 볼 수 있는 다랑논을, 아니 요즘은 농촌에서도 좀처럼 볼 수 없는 다랑논을 도심 속에서 보노라면 볼 때마다 신기하다. 여름밤엔 개구리 소리도 들을 수 있으니 덤으로 얻는 행복이 아닐 수 없겠다.

내 생일이면 늘 우리 집으로 온 가족이 모이거나 가족여행을 했는데 이번에는 아들 며느리가 자신의 집에서 생일상을 차리겠다고 하여 나는 지금 대구 아들 집 15층 아파트 베란다에서 달서구 대곡동에 위치한 여름철 다랑논을 보고 있는 것이다.

우리나라에는 너무나 유명하여 국가지정문화재 명승 몇 호의 다랑논이 있는가 하면 사진가들이 기를 쓰고 찾아가서 카메라 셔터를 눌러대는 다랑논도 있다.

꽃 접사를 하러 아들 집에서 가까운 꽃이 많은 대구 수목원을 찾았을 때나 오늘같이 가족 행사가 있을 때 저 다랑논을 볼 기회가 저절로 생겼다.

다랑논을 끼고 있는 오솔길을 걸어가노라면 반듯하게 만들어 놓은 주말농장도 나온다. 그 몇 미터 간격으로 형식적인 울타리와 허술하게 문을 만들어 놓은 손바닥만큼 작은 밭도 나오는데 거기 문에 '여기 들어가지 마시오'라고 쓴 글자를 볼 때마다 빙그레 미소를 짓게 한다.

그런데 저 다랑논을 삼각대 세워놓고 사진 찍는 사람을 한 번도 못 보았다. 아침 해가 동쪽의 고층아파트 건물 저쪽에서 찬연히 떠오르면 다랑논에 짙은 그늘이 드리워지다가 해가 서산으로 기울면 이번엔 산 그림자가 다랑논을 덮어 가는데 그 풍경이 얼마나 멋진지 이곳 사람 말고는 아무도 모르나 보다.

다랑논은 이른봄 논에 물을 대어 놓은 모심기 전의 풍경과 벼가 누렇게 익었을 때의 풍경이 볼만하다고 하는데 무논에 심어놓은 모가 뿌리를 내리고 거름발을 받은 짙은 초록의 여름 다랑논 풍경도 너무 보기 좋다.

저 모나지 않고 논둑 구불구불한 다랑논은 계절에 관계없이 언제 보아도 좋을 것 같고 마음이 차분해질 것 같다. 이양기로 모를 심는 작업이야 다랑논이라 해서 경지정리가 된 반듯한 논과 다를 바가 없겠지만 한 번도 저 다랑논에서 일하는 사람을 못 보았다. 모심기하는 다랑논, 벼 베기 하는 다랑논을 보고 싶었으나 언제나 기회가 주어지지 않았다. 저 다랑논을 볼 때면 마치 깜짝쇼를 벌린 듯 다랑논은 어느새 모가 심어져 있고 어느새 벼가 베어져 있곤 하였다.

내 어렸을 적 땅거미 지는 시각이면 집집마다의 굴뚝에서 저녁연기 피어올랐듯이 저 멀리 다랑논 끄트머리 내 고향 같은 마을 어느 집에서 알 수 없는 연기 하얗게 피어오르고 있다. 무슨 연기일까 하고 눈을 크게 떠서 바라보아도 알 수가 없고 그 낭만 어린 풍경은 여린 내 마음만 괜한 서러움으로 젖게 만든다.

옛날에는 다랑논도 많았다. 우리 동네 앞으로 하늘에서 비를 내려주어야 물을 채울 수 있는 천수답이 다닥다닥 붙어 있었다. 그 다랑논에서 밤이 되면 개구리들은 개골개골 목청껏 소리 지르며 밤의 적막을 깨곤 했다. 울음인지 노래인지 알 수 없는 그 소리는 적당한 간격으로 한 번씩 내는 맹꽁이의 "맹꽁 맹꽁" 소리와 멋진 화음을 이루었었는데….

멍멍개 더욱 귀 밝아지는 이슥한 밤이 되면 다랑논의 개골개골 개구리도, 맹꽁맹꽁 맹꽁이도 소리를 지르다가 말다가 졸음에 겨워하는 듯했었는데….

여기 다랑논은 몇 번이나 무슨 건물이 들어선다는 말이 있다고 한다. 그럴 때마다 주민들의 완강한 반대가 있었다 해서 좋았는데 결국 건물이 들어서게 된다고 한다. 또한, 아들네도 곧 다른 구로 이사를 하게 되어 저 정겨운 다랑논을 볼 수 없음에 나로선 너무나 서운하다.

두부

두부를 만들었다. 만약에 오늘 큰언니에게서 전화가 온다면, 그래서 무얼 하고 지냈느냐고 묻는다면 나는 두부 만들었다는 말은 쏙 빼고 다른 이야기를 할 것이다. 내가 두부를 만들었다고 곧이곧대로 말하면 두부 만들지 말라니까 또 만들었냐고, 왜 사서 고생을 하냐고, 몸 생각 좀 하라고 핀잔을 줄 것이기에.

어디 그 정도에서 그치고 말 것인가. 요즘 집에서 두부 만들어 먹는 주부가 어디에 있느냐, 마트 가면 우리 콩으로 만든 두부 얼마든지 살 수 있는데 사서 먹어라, 만날 시간 없다면서 두부 만들 시간은 어째 있느냐고도 할 것이기에.

두부, 물론 자주 사서도 먹는다. 그런데 그 우리 콩으로 만들었다는 두부가 좀 비싼가 말이다. 맛 또한 집에서 만든 것보다 못한 것이다. 그래서 가끔 두부를 만든다. 두부를 만들었다고 하면 대단히 큰일을 한 것처럼 놀라는 사람도 있을 것이다. 어쩌면 맷돌에 힘겹게 갈아 가마솥에다 불 때서 만드는 과정을 상상할지도 모르겠다. 그런 재래식 방법으로 두부 만드는 걸 텔레비전에서 가끔 보여 주기도 하니까. 그러나 나의 두부 만들기는 그런 대대적인 두부 만들기가 아니다. 콩을 한 사발쯤 담가 푹 불려서 조금씩 여러 번에 나누어 믹서기로 갈아서 만든다.

두부 만들기는 간단하고 너무 쉽지만 그래도 번거롭고 귀찮고 힘이 조금은 든다. 두부를 한 번도 안 만들었다는 언니는 그 과정이 내가 생각하는 것보다 힘들 것이라고 믿는다. 그래서 두부 만들었다고 하면 장황하게 걱정을 늘어놓는 것이다.

나는 두부를 좋아한다. 어릴 때 밖에서 놀다가 부엌에 들어가 보니 부뚜막에 두부 한 모가 그릇에 담겨 있었다. 배가 고팠던 터라 손으로 한쪽 귀퉁이를 뭉텅 잘라 먹었다. 나중 어머니의 꾸중을 들었다. 두부가 아까워서가 아니라 그런 품위 없는 행동이 버릇 들면 안 된다고 하는 꾸중이었다. 아니 어쩌면 두부가 아까웠기도 했으리라. 두부 한 모로 여러 식구의 반찬을 만들어야 했으니. 반찬으로 만들어 놓은 두부보다 나는 생두부가 더 좋은데 어머니는 한 번도 생두부를 상에 올리지 않았다.

결혼하여 객지에서 살 때였다. 시아버님의 와병으로 남편의 월급 일부를 시댁에 보내느라 우리는 내핍생활을 해야 했는데 그때 내가 쓰는 가계부에 두부가 자주 올라갔다. 고기를 사 먹을 형편이 안 되었지만 나 자신이 육식을 싫어한 탓도 있어 밭에서 나는 고기라는 두부를 우리 식구 단백질 공급원으로 자주 밥상에 올렸던 것이다.

두부에 대한 기억은 또 있다. 어느 해 시아버님 기일이 다가와 장을 보았는데 어쩌다가 두부 사는 일을 깜빡 잊었다. 비는 오고 시장이 멀어 두부 없이 제사를 지내게 되었다. 어머님의 노여움이 의외로 컸다. “나 죽으면 두부도 못 얻어먹을 거야”라고 하셔서 안 그래도 기죽어 있는 나를 더욱 주눅 들게 하셨다.

세월은 흐르고 어머님도 돌아가셔서 제사 때 두부를 잊고 장만하지 않는다 해서 나무라는 사람 없지만 그런 일은 절대 없다. 두부 한 모를 구워 채소 전 위에 얹으셨던 어머님, 나는 그 방식을 취하지 않고 많이 구워 따로 접시에 수북하게 담아 진설한다.

어렸을 적 어머니가 정월 대보름날 새벽에 장만하는 음식 중에 아홉 가지의 각종 묵나물 외에 김과 두부가 반드시 있었다. 김으로 복을 싸 먹고 두부는 살을 찌게 한다며 두부 먹기를 권하셨다. 요즘은 두부가 다이어트에 좋다고 하는데 그때는 두부가 살을 찌기 위한 식품으로 인식이 되어 있었나 보다. 비만이란 말조차 생소했던 그 시절에 두부는 그 생김새로 하여 살찌는 식품이었고, 현대를 사는 오늘날에 두부는 과학적인 성분에 의하여 고단백이면서 저열량 식품인 데다 쉽게 포만감을 느끼게 하니 다이어트에 좋은 식품이 되고 있다.

옛날에는 두부를 그저 밭에서 나는 콩으로 만든 식품이라는 이유로 또 비교적 값이 저렴하고 맛있다는 이유로 즐겨 먹었으나 지금은 건강에 관심 많은 시류 따라 두부가 성장기 어린이 두뇌 발달에 효과적이라는 것 외에 각종 암과 치매와 골다공증과 변비를 예방하고, 갱년기 증상을 완화시키고, 노화를 억제한다는 정보에 의해 즐겨 먹는 것 같다. 어쨌거나 두부는 고소한 맛에다가 소화력이 약한 나의 위장을 거북하게 하는 일도 없어 자주 먹는데 질리지 않아서 좋다.

큰언니에게서 전화가 오면 두부 만들었다는 말을 하지 않겠다는 생각이 바뀌었다. 두부 만들었다는 말을 하면서 한술 더 떠 언니에게 두부 만드는 방법을 가르쳐 주며 두부를 만들어 보라고 권유해야겠다. 내 말에 언니는 설마 '에구머니나! 나보고 두부를 만들라고?' 하면서 까무러치지는 않겠지.

아득히 먼 고려 말기에 성리학자 이색(李穡)도 그의 문집 『목은집(牧隱集)』의 「대사구두부내향(大舍求豆腐來餉)」이란 시에

나물죽 오래 먹어 맛을 못 느껴
두부가 새로운 맛을 돋우어 주네
이 없는 사람 먹기 좋고
늙은 몸 양생에 더없이 알맞다

라고 두부를 예찬하지 않았던가. 언니에게 두부의 유익한 점을 일일이 설명하고 이색의 「대사구두부내향」 시도 읊어 주리라.

갱죽

큰오빠의 안부가 궁금해 전화를 하니 올케언니가 받아서 하는 얘기인즉 오빠가 요즘 건강이 안 좋다고 한다. 식사는 잘 하시느냐고 하니 갱죽을 좋아해서 갱죽을 자주 끓여드린다고 한다.

"아니 갱죽을 끓여 드린다고?"

내 목소리가 절로 높아졌다. 그도 그럴 것이 큰오빠가 옛날에 많이도 싫어했던 음식이 갱죽이었기 때문이다. 지금이 어느 시대인데 갱죽인가. 녹두죽, 전복죽, 호박죽이거나 송이죽 등 고급 야채를 넣어 끓인 죽을 사서 드렸다거나 직접 끓여드렸다고 하면 이해가 가겠는데 갱죽이라니.

어떤 죽이 갱죽인지 알고나 저러나 싶어 재료를 물으니 쌀뜨물을 내어서 쌀에 시래기 쫑쫑 썰어 넣고 된장 풀어 끓인다고 하니 그 옛날에 큰오빠가 그리도 싫어했던 그 죽이 아닌가.

죽을 자주 먹던 시절이 있었다. 저녁 끼니는 으레 죽이었다. 건강을 위하여 아침은 임금처럼, 저녁은 거지처럼 먹으라는 조반석죽의 교훈에 의한 죽이 아니라 식량을 늘려 먹기 위한 수단에 의한 죽이었다. 보리를 통째로 볶아 가루 내어 쌀과 함께 끓인 이름 하여 볶음죽, 날콩가루 넣어 끓인 콩죽, 봄에 끓이는 쑥죽, 산이나 들에서 채취해 뜯은 구기자 잎이며 나로선 알 수 없는 어린 나뭇잎으로 끓인 나물죽, 콩나물죽, 김장김치 송송 썰어 넣고 식은 밥 넣어 끓인 그 이름도 야릇한 갱시기, 시래기 넣고 끓인 갱죽 등 종류도 다양했다.

음식 솜씨 좋은 어머니는 재료를 바꾸어 식구들이 죽에 식상하지 않도록 신경을 쓰신 것 같은데 겨울엔 갱죽을 자주 끓였다. 갱죽이 경제적으로 부담이 안 가고 만드는 과정이 번거롭지 않았나 보다. 그런데 우리 형제들은 모두 그 갱죽을 싫어했다.

우리 식구뿐 아니라 다른 집 애들도 갱죽이 싫었나 보다. 동네 머슴아들은 골목에서 딱지 치고 놀다가 이유 없이 누구에게랄 것도 없이 소리를 지르곤 했다.

저놈의 가시나 저래도
뱃가죽이 얇아서
앵죽 갱죽 못 먹고
수제비국만 즐긴다네

색깔조차 우중충한 갱죽은 정말이지 나도 싫었다. 식구들이 둘러앉아 훌쩍거리고 죽을 먹을 때면 나는 곧잘 식구 수를 헤아리곤 했다. 소리 내어 헤아렸다가 엄마한테 야단맞은 적이 있기 때문에 턱을 가볍게 까불며 몰래 헤아린다. 다 아는 식구 수를 왜 그리도 헤아렸는지, 하나, 둘, 셋… 여덟까지 헤아리곤 나는 안방이 좀 더 컸으면 좋겠다는 생각을 하고 이어 식구가 많다는 생각을 한다. 작은 집은 10남매가 되긴 하지만 옆집 승부네는 3남매, 뒷집은 두 형제, 큰집 사촌들은 5남매인데 우리집은 7남매나 되니 엄마는 아~(아기)를 왜 그리도 많이

낳았는가 싶었다. 식구가 많으니 식량을 늘려 먹어야 해서 죽을 끓일 수밖에 없는 우리집, 다섯 명만 되어도 밥을 먹을 수 있을 텐데 은근히 부아가 나곤 했다.

다시 식구들을 둘러본다. 얼굴도 예쁘고 공부는 1등밖엔 해 본 적이 없다는, 제일 맏이인 우리집 가장의 초등학교 선생님인 큰언니.

빈곤한 우리 가정을 일으켜 세우기 위하여 많이도 좋아하는 문학을 버리고 고등학교 자퇴를 하고 서울공대를 목표로 집에서 독학을 하는 큰오빠.

그림 잘 그리고 낭만적이며 시적 감성이 풍부한 작은오빠.

마음이 한없이 착하여 나하고 싸우면 언제나 져주는 조용한 성품의 작은언니.

귀엽고 사랑스러운 너무 어린 두 동생.

누구 하나 없으면 안 되는 너무나 소중한 존재이고 나는 나이기에 또 소중하다. 어머니는 걸핏하면 열 손가락 깨물어 안 아픈 손가락 없다고 하셨는데 그 말은 우리 7남매를 똑같이 사랑한다는 뜻이었다. 어머니에게 우리 7남매가 똑같은 열 손가락이듯 두 언니, 두 오빠, 두 동생도 나에게 소중한 열 손가락이 아니겠는가. 식구 많다는 생각은 하지 않아야겠다고 갑자기 철이 들기도 했다.

우리 식구 중에 갱죽을 특히 싫어한 사람이 큰오빠였다. 그러나 표현을 안 했을 뿐 죽은 다 싫어했고 말없이 먹었다.

작은오빠는 밥은 바빠서 못 먹고, 술은 술술 넘어가고, 죽은 죽어도 먹기 싫다는 유머로 죽이 싫다는 간접 표현을 했는데 큰오빠는 달랐다. 어머니에게 꼭 죽을 끓여야 하는가 물었고 죽 끓일 쌀로 밥을 하여 밥을 반 공기 주면 안 되느냐고 하며, 어느 날 갱죽이 올라 있는 저녁상 앞에서 인상을 찌푸리기도 했다. 아래로 줄줄이 어린 동생들도 안 하는 투정을 장남인 큰오빠가 하는 것이다. 얼마나 갱죽이 싫었으면 그랬을까.

큰오빠는 원하는 대학에 합격이 되어 서울로 갔다. 큰오빠는 객지 생활하며 편지봉투 겉봉에 박OO 본제입납이라 써서 집으로 편지를 자주 했는데 편지에는 갱죽이 자꾸 어른거리며 눈시울이 붉어진다는 동생들에 대해 애틋한 정의 글이 쓰여 있곤 하였다.

나는 어릴 때 왜 그리도 자주 아팠는지 모르겠다. 걸핏하면 초학을 앓았고 걸핏하면 몸살을 앓았다. 내가 아프면 어머니는 쌀밥을 해 주셨다. 그런데 지금은 몸 아프면 죽이 먹고 싶다.

지난겨울 나는 목감기가 걸려 고생을 많이 했다. 밥맛이 너무나 없어 굶다시피 하고 누워 있노라니 어머니가 끓여주신 갱죽 생각이 간절히 났다. 무심한 딸년들 몸 아프면 엄마 생각한다더니 내가 그 짝이었다. 누가 갱죽을 끓여주면 한 그릇 거뜬히 먹을 것 같고 없는 기운이 솟아오를 것 같았다. 시래기가 있으니 내가 끓일 수 있지만 만사 귀찮아 만들기 쉬운 흰죽을 끓여서 간장 살짝 뿌려 먹었다.

내가 몸 아파 어머니가 끓여주신 갱죽이 생각났듯이 큰오빠도 몸이 아프니 어머니가 생각났으리라. 어쩌면 죽 끓일 쌀로 밥을 해달라며 어머니 마음을 아프게 한 게 회한이 되어 갱죽을 찾지 않았을까 하는 생각이 든다.

큰오빠가 갱죽을 맛으로 드시든, 추억으로 드시든 많이만 드시고 어서 건강 회복되기를 마음속 간절히 기원한다.

밥도둑

윤기가 좌르르 돈다. 맛있다. 국은 국대로 먹고 나물무침은 나물무침대로 먹는다. 말아 먹고 비벼 먹기 좋아하지만 말지도 비비지도 않는다. 입에 착착 달라붙는 게 달짝지근하기까지 하다. 그리웠던 쌀밥, 하얀 쌀밥이다.

여름철의 내 생일, 보리밥 먹던 어린 시절에 어머니가 나에게만 퍼 주시던 쌀밥의 맛이 이랬던가. 참기름 한 방울 넣어 간장에 착착 비빈 쌀밥, 동생 먹이다가 반 술 정도 먹었을 때의 맛이 이리 좋았던가. 명절날 아침 어머니 따라 큰집에 가서 사촌들과 함께 먹던 쌀밥이 이리 맛 좋았던가.

수추가 끝나자 조카가 쌀을 가지고 왔다. 쌀을 너무 도정하지 말고 씨눈이 떨어져 나가지 않게 5분 도로 찧어 오라고 했는데 껍질만 살짝 벗긴 완전 현미가 아닌가. 류머티즘 관절염을 앓는 지인이 다른 어떤 건강식보다 제일로 효능을 보았다고 하는 현미밥, 건강에 그렇게나 좋다는 그 현미밥을 우리도 해 먹어야겠다고 벼르기만 했을 뿐 실천을 못했는데 이제 어쩔 수 없이 먹게 되었으니 차라리 잘 됐다.

그런데 현미밥을 유난히 싫어하는 남편에게는 괜히 눈치가 보인다. 조카 핑계를 대며 어쩔 수 없지 않느냐, 되돌려 보내 다시 찧어 오라고 하려니 야박한 것 같아 그렇게 하지 못했다. 등등 변명을 늘어놓았다. 불평 없이 현미밥을 먹어야 한다는 은근한 협박이다.

밥에 대해서는 까다로운 남편이다. 신혼 때부터 그걸 알았다. 시집을 오니 시어머님의 분부가 있었다. 당신의 아들 밥은 찬밥 섞지 말라는 분부였다. 아들이 찬밥을 무지 싫어한다며.

밥은 언제나 식구 수대로 푸고도 꼭 남는다. 밥그릇 수대로 딱 맞게 밥을 하는 건 가난을 벗어나지 못한다는 어머님의 인식이시다. 음식에서 정 난다는 평소의 지론이고 그래서 이웃과 음식을 나누어 먹기 좋아하셨다.

그 시절엔 끼니때 마실 오는 사람이 더러 있었는데 그런 사람이 있으면 어머님은 반드시 밥을 먹여서 보내곤 하셨다. 점심때는 아예 숟가락을 여별로 상에 놓아두었다. 그러자니 찬밥이 곧잘 남는다. 그 찬밥은 다음 밥 지을 때 얹어 짓게 되니 솥 안에서는 새 밥 위에 헌 밥이 앉혀 있기 일쑤다. 찬밥 얹어 지은 밥 좋아하는 사람 어디 있겠는가. 그렇지만 어머님이 죽으라면 죽는시늉까지 해야 하는 며느리 입장, 당신 아들 밥은 찬밥 섞지 말라는 그 명령 어찌 어기랴.

그러나 엿장수 맘대로이듯 손에 밥주걱 쥔 내 맘대로다. 아버님 밥을 찬밥 안 섞이게 조심하여 푼 다음 주걱으로 섞어서 다른 식구 밥을 푸곤 했다.

인생사 변하지 않는 건 아무것도 없다 해도 백미로 갓 지은 고슬고슬하고 따끈따끈한 하얀 밥을 좋아하는 남편의 식성은 세월이 흘러도 변하지 않고 있다.

현미밥을 짓는다. 가스레인지 위에서 하는 압력밥솥이 아닌 전기압력밥솥이다. 시간을 재고 가스레인지 앞에 서서 태우지 않으려고 애 안 써도 되니 좋다. 은쟁반에 옥구슬 구르는 듯 고운 소리로 취사를 시작한다는 알림을 시작으로 취사가 완료되었다고 알리는 소리가 나기까지 그 예쁘게 생긴 솥이 알아서 다 해준다. 차진 밥, 일반 밥, 중간 밥의 원하는 데 따라서.

그렇게 좋은 기능의 전기압력밥솥이 현미밥을 맛좋게 해줄 줄 알았는데 그게 아니다. 껄끄러운 것이 색깔까지 거부감을 준다. 우리 부부의 식사량이 절반으로 싹둑 줄었다. 쌀이 줄어들지 않으니 부자 되겠다는 농담을 해도 그이는 무표정이다. 현미밥을 먹던 사람은 백미로 지은 밥은 싱거워서 못 먹는다고 하는데 그이는 흰밥에 대한 향수를 떨쳐버리지 못하고 있고 나까지 덩달아 흰쌀밥이 그립다.

얼마 전 '언제 죽을지 안다면, 그리고 마지막 한 끼 식사를 고를 수 있다면 당신은 무엇을 먹겠는가?'라는 신문기사를 보았다. 미국 사진작가 멜라니 더니아는 이 질문을 세계 최고 요리사 50명에게 던졌다고 한다. W서울 워커홀에서도 '죽기 전에 맛봐야 할 101가지 요리'란 행사가 열렸다. 외국 사람들의 죽기 전에 먹고 싶은, 나로서는 그 알지도 못하는 요리엔 관심 없다. 그러나 우리나라 사람이 최후의 만찬으로 선택한 요리는 어떤 것일까 궁금했다. 신선로나 갈비찜 같은 고급 요리도 있지만 군감자, 술지게미, 감자전, 순대국밥, 자장면 등 가난했던 시절에 먹었던 음식을 꼽았음에 놀랐다. 내가 만약 그런 질문을 받았다면 나는 반찬이야 어떤 것이든 하얀 쌀밥이라고 스스럼없이 말하였을 것 같다.

우리 부부, 현미밥이 싫다니 생각해 보면 배부른 소리다. 내 어린 시절 묵은 식량은 떨어지고 보리가 아직 나지 않은 음력 4~5월경을 보릿고개라고 했다. 그러나 보릿고개만큼 힘든 달이 또 있었다. 음력 7월이다. 이때는 닭들도 허기진 배로 살기가 고달프다. 어머니가 끼니때마다 식량을 꺼내려고 도장방 문을 열면 멀리 있다가도 그 삐걱 문소리에 우우 모여드는 우리집 닭들이었다. 그러나 어머니가 던져주는 모이는 늘 시답잖은 것이다. 그래서 닭들은 주린 배 채우려고 집 밖으로 나가곤 했다. 이미 나와 있는 앞집 닭이 묻는다. "댁의 식량은 어떻소?" 그러면 뒷집 닭이 대답한다. "아직 콩은 안 먹었는데 이제 콩이라도 주면 허겁지겁 먹을 판이오."

아무렴 닭이 사람처럼 말을 하랴. 그러나 어머니는 집밖에서 만난 닭들이 그런 대화를 나눈다고 태연하게 말하셨다. 닭은 콩을 무지 싫어한다며.

이렇듯 몇 마리 닭 모이조차 주기 어려운 이때 궁여지책으로 마련하는 게 있으니 찐쌀이다. 먼저 마당에 멍석 드르르 펴놓는다. 그리고 푸릇푸릇한 선 벼 몇 단 베어 와서 수숫대 V자로 꺾어 벼를 훑는다. 그 벼 가마솥에 쪄서 말려 디딜방아에 찧는다. 찐 현미라 할까.

지금은 별미로 찐쌀을 만들어 간식으로 먹는 집도 있나 보다. 그러나 그 시절의 찐쌀은 절대로 군것질이 될 수 없는 어디까지나 배고픔 달래는 풋바심의 초련식량이었다.

오늘 저녁엔 설에 쓰려고 아껴둔 백미로 밥을 지었다. 사람들은 맛있는 반찬을 일러 밥도둑이라고 말하지만 오늘 우리 집에선 모처럼 지은 하얀 쌀밥이 밥도둑이 되었다.

서가를 바라보며

잘 정돈된 서가를 바라본다. 어수선한 부엌을 깨끗하게 설거지 하고난 뒤처럼 개운하고 마음도 흐뭇하다.

책장을 정리하겠단 마음을 먹고도 오래 실천에 옮기지 못했는데 한가한 시간이 주어지자 작업에 들어갔다. 전집류는 일찌감치 건넌방으로 옮겼기에 내 서재라고 이름 붙인 방 ㄱ자로 놓인 두 개의 책장엔 나의 책만이 빼곡하다. 월간, 계간 문예지 역시도 책장 한자리 차지했다가 개인 작품집에 자리를 내주고 베란다 창고 속으로 들어갔기에 충실한 알곡 같은 책들만 남았다.

책은 거의가 작가들로부터 증정받은 것인데 책장 하나엔 여성 작가 작품집을 꽂았고 또 하나엔 남성 작가의 작품집으로 모두 작가의 성과 이름을 가나다순으로 하여 진열했다. 예를 들어 이숙자와 이순자는 당연히 이숙자 책이 앞에 꽂히고 이순자와 이숙희라면 이순자 책을 뒤에 꽂는 철저한 가나다순이다.

책장 정리를 하니 어느 회원작가가 책을 몇 권 냈는지 쉽게 알 수 있어 좋다. 어느 작가한테서 책을 증정 받을 경우 약력을 보고 몇 번째 작품집이란 걸 알게 되지만 그 작가의 책이 내게 몇 권 있는가는 얼른 기억이 나지 않았다. 그런데 서가 정리를 해 놓으니 쉽게 알 수 있고 내게 온 책이 몇 권인가도 알 수 있어서 좋다.

나와 비슷한 시기에 등단한 한 여류수필가가 책을 여러 권 출간했다는 걸 알고는 있었지만 수필집을 열한 권, 시집을 다섯 권 총 열여섯 권의 작품집을 냈음을 나란히 꽂힌 서가가 확인시켜 준다.

이 작가는 병마에 시달린 환자였다. 어느 해 세미나 때 한 콘도에서 하룻밤을 같이했는데 볼이 오동통하고 몸도 살집이 있었다. 그런데 몇 년 후 세미나 때 만난 그녀는 너무나 살이

빠졌고 수척해진 모습을 보여 주었고 음식도 잘 먹지 못하였다. 암 수술을 받았었다고 하였는데 얼마 후 그의 병상일기를 읽고 몇 년에 걸쳐 자궁암, 위암, 대장암 수술을 차례로 받았음을 알게 되었다. 그렇게 여러 장기의 암 수술을 받은 투병생활 그 와중에서 끊임없이 글을 쓴 그 저력이 너무나 놀랍고 그녀가 존경스럽단 생각이 서가를 바라보며 든다.

남성의 작품이 꽂힌 서가에 구순을 넘긴 회원의 수필집도 아홉 권이 나란히 꽂혀 눈길을 끈다. 앞서 암 투병을 하면서도 꾸준히 글을 써서 열여섯 권의 작품집을 낸 여성 작가에 못지않은 감동을 안겨준다.

책장 정리를 하고 나니 나는 너무나 큰 책 빚을 지고 살고 있다는 생각이 들고 빚을 지고 못 사는 성격인데 책 빚은 산더미 같구나 하며 한숨을 쉰다. 당장 책을 출간해서 책 빚을 갚고 싶단 생각이 들지만 그게 뜻과 같이 되는 일이 아니기에 마음이 무겁다. 그 외에도 책을 여러 권 출간한 작가들이 많음을 서가 앞에서 확인하고 글쓰기에 게으른 나로서 심히 부끄럽다.

오래전 단독주택에 살 때는 책장이 하나였는데 아파트로 이

사 와서 책장 하나를 더 사서 거실에 나란히 붙여 놓았었다. 책을 있는 대로 꽂아도 빈 공간이 많아 거기 얼른 책이 들어가 차기를 바랐다. 망설이고 망설인 끝에 어쩌다가 애꿎은 반찬 값 줄여서 책 한 권을 사서 책장에 꽂아 놓고 살림 틈틈이 읽으며 행복해했다.

군 복무로 휴학했던 아들이 복학하여 제 여동생과 한 학년이 되어 남매가 한날한시에 대학 졸업식을 마치고 집으로 왔다. 아들은 감정평가사 시험에 합격하여 연수 받는 날을 기다리기 위해, 딸은 7급 공무원 최연소 합격자가 되어 발령을 기다리기 위해서 집으로 온 것이다.

애들의 짐 보따리 속에서 많은 책이 나왔다. 전공의 책은 저들 방에 두더라도 문학에 관한 책은 거실에 있는 헐렁한 책장에 꽂을 줄 알았는데 그게 아니었다. 각자 자기 방에 꽂아 두는 게 아닌가.

그런데 가끔씩 내 책이 딸 방의 책꽂이에 꽂혀 있을 때가 있다. 책을 읽느라 그런가 보다 했는데 그게 아니었다. 안 그래도 빈 공간을 채우지 못하여 안타깝고 저들의 책을 거실의 책장을 채우지 않는 게 서운한데 내 책을 저희 방에 갖다 꽂으니 적이 못마땅했다.

그런 어느 날 딸 방의 책 한 권을 내 책장에 꽂아 놓았더니 딸이 외출에서 돌아와 제 방에 들어가더니 금방 방문을 활짝 열고 거실로 나왔다. 그리곤 책장의 책을 가리키며 "엄마 저 책 다 읽었다면서 또 읽으려고요?" 아주 빠른 말투로 따지듯이 말하는 게 아닌가. "으응 아~니" 나는 어정쩡한 대답을 하고 그 책을 빼서 딸 방에 갖다 꽂았다. 그리곤 딸 책꽂이에 있는 내 책을 물끄러미 바라보다가 나왔다. '너는 내 책 그것도 표지 예쁜 거 갖다 놓았으면서 그러느냐'고 입가에 뱅뱅 도는 말을 차마 못 하고서.

세월이 흐르는 동안 나는 문단 생활을 하게 되었고 서점에 가서 책을 구입하지 않아도 증정 받은 책들이 많아 책장에 넘쳐난다. 딸이 결혼하자 그 애가 쓰던 방을 나의 방으로 쓰면서 거실에 있던 책장을 내 방으로 옮겨 ㄱ자로 놓았다. 지난날 책에 대한 애착으로 서점을 기웃거리고 애들과의 책에 대한 욕심으로 신경전을 벌이던 그때 그 시절이 아름다운 한 토막 추억이 되어 정리된 서가 앞에서 떠올려진다.

다시 서가를 바라본다. 읽지도 않을 책을 사서 장식용으로 꽂아 놓는 집이 많다고 하는데 나는 작가들이 사인을 하여 보내준 단행본들이기에 너무나 소중하다.

책을 받는 대로 진열해 놓다가 저자 이름 가나다순으로 정리를 해 놓으니 읽고 싶은 책을 찾느라 한참을 헤매지 않아도 되어 또 좋다.

소

어느 우사 곁을 지나게 되었다. 우사는 대낮인데도 컴컴하다. 바닥은 온통 검은색으로 질퍽하고 고약한 냄새는 진동을 한다. 황금색으로 윤기가 흘러야 할 소의 털은 오물이 된통 묻었다. 말라 거뭇거뭇 딱지가 앉아 있기도 하여 지저분하기 짝이 없다.

옛날엔 바닥에 볏짚이 뽀송뽀송한 외양간이란 이름의 공간에서 소 한 마리가 이른바 독방생활을 했다. 그런데 요즘 농촌에 가도 그런 외양간은 볼 수가 없다. 여러 마리를 한 군데 몰아넣어 사육시키는 걸 볼 수가 있다. 지금 내가 보고 있는 소도 여러 마리다. 이 소들이 큰 눈을 껌벅이며 단체로 나를 본다. 소의 큰 눈망울이 서러움 가득해 보여 안쓰럽다.

옛 어른들은 개똥은 더러워하면서 소똥을 더럽다고 해서는 안 된다고 하였다. 실제로 소똥은 길 가운데 있어도 더럽게 느껴지지 않았다. 길에 소똥이 있으면 소중한 물건 다루듯 삽으로 떠 집으로 가지고 가는 어른들도 있었다. 거름을 하기 위해서라고 하였다.

개에겐 주인보다 먼저 밥을 주면 안 된다는 말이 있는데 다 같은 가축이라도 소에겐 식구들에 앞서 먹이를 먹게 하니 소와 개의 대접은 사뭇 달랐다. 소는 개처럼 주인이 주는 먹이를 허겁지겁 퍽퍽 먹지를 않고 아주 천천히 품위 있게 먹으니 대우가 다르다 어떻다 행여 개가 섭섭해하지 말 일이다.

농번기가 되면 소의 나들이가 잦다. 나들이라 해야 외양간에서 나와 들로 일하러 가는 나들이다. 콩밭 골을 낼 때는 콩잎을 뜯어먹는다고 입에다가 얼금얼금 엮어서 만든 부리망을 씌웠다. 눈앞의 콩잎이 얼마나 먹고 싶었을까. 이랴~ 하면 부지런히 걷고 워워~ 하면 발걸음 멈추던 소, 논밭을 갈아 나가는 소를 볼라치면 소에게 잘 먹이고 식구 대접하는 심정을 알 것 같다.

몇 년 전부터 추수가 끝나고 난 늦가을 들판에 예전에 못 보던 여러 개의 하얀 물체가 한 풍경 장식을 한다. 소 사료이다. 볏짚을 그대로 소에게 먹이면 소화가 잘되지 않고 영양학적으로도 효율이 떨어져서, 마르기 전의 생 볏짚을 공기가 못 들어가게 암모니아 가스를 주입시켜 전용 트랙터를 이용하여 압착해 놓은 그 이름 곤포사일리지다.

오래 보관해도 불량세균을 막아주어 곰팡이가 피지 않고 볏짚이 부드러워져 소가 먹기에 좋으며 먹는 양이 늘어난다고 한다. 국립축산과학원의 개발이 경탄스럽기만 하다. 그러나 그 사료가 옛날 가마솥에서 볏짚에 쌀뜨물과 콩 부스러기 등을 넣고 끓여준 따뜻하고 구수한 그 쇠죽 맛과는 비교도 할 수 없을 것 같다.

소는 솥에서 끓인 쇠죽을 먹으면 50년까지 살지만 볏짚이나 풀을 날것으로 먹으면 30년을 넘기 어렵다고 하는 한 가지만 예를 들어도 그렇다. 소를 인간의 먹잇감으로 사육시키는 마당에 단시일에 살찌면 되지 장수가 무슨 소용이 있겠는가. 곤포사일리지는 사람의 편리를 위해 개발된 소 사료이지 결코

소를 위한 사료는 아니란 생각이다.

소를 보노라면 소띠생 지인이 자신은 소띠라서 일복이 많다고 한 말이 떠오르기도 한다. 요즘의 소는 일하는 소가 아닌데 그래도 소띠생이 자신을 일복 많다고 하려나?

소는 언제나 조용한 묵언의 짐승이다. 돼지는 배가 고프면 꿀꿀 소리를 질러대고 개는 낯선 사람을 보면 컹컹 시끄럽게 짖어댄다. 닭은 병아리 때부터 삐악삐악 많이도 수다스럽다. 장닭은 거드름을 피우며 꼬끼오 소리를 내는가 하면 암탉 역시 알을 낳을 때는 골골골 하다가 알을 낳고는 꼬꼬댁 꼬꼬댁 소리를 지른다. 닭집이 허술하여 살쾡이가 닭을 물어갈 때는 꽥꽥 얼마나 크게 소리를 지르던가.

그런데 소는 도대체가 말이 없다. 도둑놈에게 끌려가면서도 한숨 같은 소리라도 내지 않는다. 그래서 목에다 움직이면 소리 내는 방울을 달아놓기도 한다. 아, 소도 제 새끼 팔려 가는 날은 "움무우~" 하며 서럽게 울긴 한다. 그러나 소는 하도 소리를 안 내는 짐승인지라 말을 잘 안 하는 사람을 일러 소죽은 귀신 씌었다고까지 하지 않는가.

우사에서 나를 우두커니 바라보는 소들, 사람이 얼마나 그리

웠으면 송아지까지 단체로 몸을 돌려 바라볼까. 소들은 무슨 말인가를 하고 싶어 하는 것 같다. 아무도 일을 안 시키는 소, 본래의 주어진 일을 농기계에 빼앗긴 소가 할 일은 하나도 없다. 하고 많은 날을 주는 사료 먹고 오물 냄새 맡으며 우두커니 서 있는 게 소들의 일이다. 소들의 큰 눈망울에서 나는 절실히 느낀다. 그들의 애타는 절규를.

'아, 정말이지 고역입니다. 원래 일하기 위해 태어난 우리였는데 어쩌다가 세상에서 제일 편한 동물이 되었습니다. 편한 게 편한 것이 아니란 걸 절실히 느낍니다. 할 일 없는 게 너무 힘듭니다. 멋대가리 하나 없는 숫자 찍힌 노란 귀걸이도 귀찮습니다. 주야장천 우두커니 서 있어야 하는 이런 짐승이 이 세상에 또 있습니까. 이랴 쯧쯧 하는 주인의 채찍 받으며 논갈이 밭갈이를 하고 싶고 달구지 매어 짐도 실어 나르고 싶습니다. 정말이지 우리 소도 한 번씩 신선한 공기 마시며 바깥 구경을 하고 싶습니다. 일이 하고 싶습니다. 사람들이여! 우리 소들에게 일! 일! 일 좀 시켜 주십시오.'

어정칠월에

산책 나갔다가 벼꽃이 핀 걸 보았습니다. 내 어렸을 적 그 시절에 농촌 사람들 거의가 벼를 나락이라고 했는데 벼꽃이 피었어도 꽃이 피었다고 하지 않았습니다. 나락이 팼다고 했습니다. 출수(出穗), 즉 이삭이 나온다는 뜻이었으니 꽃 피었다는 표현을 하지 않았나 봅니다. 그래도 꽃은 꽃이지요.

나락도 꽃이 핀다는 걸 참 오래 몰랐습니다. 벌도 나비도 모르긴 마찬가지인 것 같습니다. 벌과 나비는 나락논에 얼씬거리지도 않으니까요. 나락 잎 갉아먹으려는 메뚜기는 있을지언정 벌 나비는 나락논에 보이지 않는 겁니다. 꽃이 꽃 같지 않음을, 꿀도 없음을 벌과 나비는 잘 아나 봅니다. 벌 나비 안 와도 나락은 걱정 없습니다. 나락 포기들은 바람 부는 날 서로 몸 흔들어 수정을 할 수 있으니까요.

옛날엔 모심기는 여자가 주로 했지만 논매기는 반드시 남자들이 하였지요. 호미로 논고랑을 파 젖히며 방동사니며 피 등 잡풀을 매는 일이 무척 힘드나 봅니다. 논매는 날의 음식은 모심기 때와는 사뭇 다른 걸 보면요. 모심기 때 장만하지 않은 고등어조림도 논매기 때는 아주 푸짐하게 해서 내가곤 했지요.

논매기가 끝나고 얼마 지나지 않으면 나락이 패는데 이때는 농촌에 별로 할 일이 없답니다. 오월(梧月), 오추(梧秋)인 음력 7월을 어정칠월이라고 하였어요. 바쁜 일도 없이 어정어정하다 보면 7월이 다 간다고 생긴 말인가 합니다. 농한기라고 할 수 있지요.

이맘때쯤 마을 엄마들은 단체로 계곡엘 가는데 피서란 말을 하지 않았습니다. 휴가란 말은 더욱 하지 않았습니다. 뙤약볕에서 들일하느라 메조밥 누룽지같이 되어 버린 등짝의 땀띠를 씰어내기 위한 물맞이 나들이인 것입니다. 읍내서 먼 데다 신작로에서 쑥 들어간 우리 촌 동네는 버스가 들어오지 않았어요. 어느 계곡이며 무슨 차로 누가 태워 주었는지 기억에 없습니다.

아, 기억에 없는 건 당연하지요. 우리 촌 동네에 자가용이 있는 집은 한 집도 없었으니까요. 새벽밥해 먹고 먼 길 걷고 걸어서 갔다 옵니다. 아이들 김밥 싸고 과자 사서 소풍 가는 날처럼 엄마들 마음 설레었을 것입니다.

처음엔 그 물 맞으러 간다는 말이 이상하기만 했습니다. 물 마중을 한다는 건가. 나중에 알고 보니 계곡에서 흘러내리는 물에 등짝을 대고 물매를 맞는 것이었습니다.

물매 맞고 온 엄마의 등에 땀띠가 없어졌는지 기억나지 않습니다.

"내 등 좀 긁어라"

걸핏하면 하는 엄마의 주문에 빳빳한 생모시 등걸이 걷어올려 등 긁어드릴 때 까만 사마귀 하나 망망대해의 외로운 섬 같은 엄마 등은 엄마가 잘 만드는 우무묵같이 매끄럽기만 했지 사실 땀띠는 애당초 없었습니다. 울 엄마는 들일이 서툴러 동네 엄마들이 서로 품앗이하며 콩밭 매곤 해도 우리 밭은 늘

놉을 사서 매곤 하였거든요.

어정칠월이 오니 벼는 올해도 어김없이 패었습니다. 더위를 피해 사람들 많이 찾는 계곡은 찬물 쏟아 내리기 바쁩니다. 그러나 먼 길 가신 울 엄마는 올 어정칠월에도 돌아오실 줄 모릅니다.

주막집에서

접시에 놓인 채 한 입 먹기에 좋도록 칼질해 놓은 생두부와 메밀묵, 풋고추와 당근을 섞어 얇게 부친 부추 전, 배추김치, 양념간장 그리고 막걸리가 놓여 있다. 은색 나는 가벼운 알루미늄 상에.

주막집의 주안상이다. 술상을 대하고 앉아 있노라니 내가 살아오면서 주막에 앉아 본 적이 없었음을 깨닫는다. 정말이지 주막이란 나와는 상관없는 행여라도 갈 일이 없는 곳으로만 알았다. 아니 주막이 사라지고 없으니 주막을 가고 말고 할 것도 없다고 생각하지 않았던가. 그런데 나 지금 주막집에 앉아 있다.

주막집 하면 먼저 주모를 떠올리게 마련이다. 그런데 남자가 술상을 나르고 있다. 누가 말했다지. 술은 제수가 따를지라도 여자가 따라주면 맛이 더 좋다고. 그렇다면 여자 잔의 술도 남자가 따라야 맛이 더 있을까?

윗저고리는 벽돌색, 바지는 감색의 개량 한복에다가 검은색 양말에 짚신을 신고 안경을 쓴 조금은 어색한 차림의 남자다. 그런데 술을 따라 주지는 않는다. 이 주막에 온 남자 손님들, 술상 나르는 남자 보며 기분 어떨까? 여자 손님 기분은 또 어떨까?

길 떠난 나그네 기분이 된 나, 시원한 막걸리 마른 목으로 한 모금 들이키노라니 짜릿한 쾌감이 인다. 그 옛날 동네 어른들이 인편에 시킬 법도 한 작은 볼일로 장날이면 즐겨 장엘 가시곤 했지. 아직도 남아 있는 풍년초(잎담배 이름)를 사러, 고무신 한 켤레, 호미 한 자루 사러, 대장간에 가서 무디어진 낫 한 자루 날 세우러.

장날은 아침부터 마음이 들떠 있었을 것이다. 세수 정성스레

하고 장롱에 얌전히 개켜 넣어 놓은 옷 꺼내 입고 장에 갈 때 집으로 오다가 주막에 들른다는 설렘이 반드시 있었을 터, 그 심정 이제야 조금 알 것 같다. 주막집에서의 막걸리 맛이 어떠했겠는가도 알 것 같다. 어머니도 장에 가시면 곧잘 기분 좋은 복숭앗빛 환한 얼굴로 오셨지 않았던가. 그런 날은 아끼는 사발 그릇 하나 깨뜨려 놓은 잘못에도 꾸중하지 않으셨다. 아마도 감추어 놓은 꿀단지를 깨트려 놓았어도 꾸중하지 않았을 것이다. 막걸리 몇 잔의 위력은 대단했던 것이다.

주막집을 둘러본다. 다락이 있는 작은 방에도, 뒷방과 툇마루에도, 주막을 감싸 안 듯 서 있는 200년 묵은 아름드리 큰 회화나무 그늘과 마당의 초가 정자에도 사람들이 둘러 앉아 있다. 그런가 하면 흐르는 강물 내려다볼 수 있는 다리 아래 멍석에도, 그늘 없는 제방에도 술판은 벌어지고 있다. 하나같이 밝은 얼굴들이다, 주막집에 대한 추억이 없으면서도 텔레비전에, 신문에 소개되니 호기심에 찾아들 와서 괜한 향수에 젖어 보겠지.

경북 예천 풍양면 삼강리에 위치한 주막이다. 낙동강, 내성

천, 금천 이 세 강이 합류하는 지점에 위치하였다 하여 그 이름 삼강이고 주막 이름은 삼강주막이다.

마당 한쪽에 통시가 눈길을 잡아끈다. 그렇다. 화장실이란 이름은 어림 턱도 없고 변소라 해도 어색하긴 마찬가지. 항아리를 묻어 양쪽으로 통나무를 각각 3개씩 걸쳐놓은 통시, 안쪽으로 초록빛 풀이 싱그럽게 돋아 있다. 사람이 볼일 보고 있으면 엮은 싸릿대 사이로 안 보일 듯 보일 것 같은 통시다.

병산서원의 통시도 여기 삼강주막의 통시도 같은 점은 있다. 지붕이 없다는 것이다. 예전에도 지붕이 없었을까? 비가 억수로 쏟아지면 볼 일은 어떻게 보며 비로 인하여 묻어 놓은 독의 오물이 넘쳐날 텐데. 나는 음식 앞에서 별생각을 다 한다.

예전에는 삼강나루에 소금 배를 실어 나르는 뱃사람, 문경새재를 너머서 서울로 가고 오는 나그네 발길이 끊이지 않았다지. 그들은 이 주막의 단골손님이었고.

주모 유옥연 할머니는 이팔청춘의 나이에 재 너머 우망에서 시집왔는데 36세에 청상이 된 후 삼강주막의 주모가 되었다. 그분이 88세의 연세로 돌아가시자 주막은 자연 방치될 수밖에 없었다. 사람이 안 살면 집은 허술해지는 법, 오랜 세월의 낡은 슬레이트 지붕과 비바람에 부대껴 얇아진 흙벽이 빈집으로 쓰러질 듯한 안쓰러운 모습으로 2년을 버티었다. 다행히 주민들이 이 주막을 허물어뜨리지 않고 주막 살리기에 나섰고 예천군에서 복원을 하였다.

이 주막을 사람에 비유해 본다. 옛날의 삼강주막은 오지랖에 잔병 싸고 사는 비쩍 마른 영양실조의 병자 같고 지금의 삼강주막은 영양가 있는 음식 먹고 건강관리 잘한 사람 같다고나 할까.

유유히 흐르는 강물 위 튼실한 삼강교를 올려다본다. 차들이 씽씽 바삐도 달린다. 유옥연 주모 할머니는 저 삼강교가 놓일 때 마음이 얼마나 아팠을까. 사흘 낮밤을 울었다는 후문이다. 다리가 생기면 배도 오가지 않을 것이고 사람 왕래가 뜸할 건 불을 보듯 뻔하지 않은가. 자연 생계에 위협을 받을 것이니 어찌 아니 슬펐으랴. 필경 애꿎은 담배만 피워댔을 것이고 그로 인하여 건강이 나빠졌을 것이다. 다리가 놓이고 2년 만에 돌아가셨다니 주모 할머니의 수명 단축은 삼강교가 주범일 것이 분명하리라.

삼강주막이 복원되어 민속자료 제134호로 지정되어 매스컴을 자주 타니 주막집을 찾는 사람이 많아졌다. 나도 그중에 한 사람. 무엇보다 우리 조선시대 마지막 주막이라는 데에 의의가 있다. 가마솥이며 부뚜막에 깊숙이 묻힌 술독이며 투박한 막사발이며 술잔이 들어 있는 찬장이 있는 좁은 부엌에서 주모 할머니의 체취를 느낀다. 이 물건들 자체는 어릴 때 보아왔던 것들이기도 하여 그리 신기할 건 없다. 그러나 참으로 신기하게 보이는 게 있으니 외상 장부다. 한글 깨우치지 못한 주모할머니가 당신만 알 수 있는 암호로 벽에다 금으로 표시해 놓은 외상 장부. 일반인 외상 장부와 뱃사공 외상 장부가 따로 있는데 길고 짧게 그은 금은 술 한 되와 반 되의 표시일 것이다. 그렇다면 사람은 어떻게 알아낼까. 고개가 갸웃거려지지 않을 수 없다. 주모 할머니의 머리가 비상함을 이 별난 외상 장부에서 느낄 수 있다.

삼강주막이 주모 할머니 당신 사후에 유명세를 타고 당신을 그리는 세인들이 많다는 걸 살아생전에 알았더라면 삼강교가 놓인다고 한숨짓고 눈물 흘리지는 않았을 것인데.

한 번도 뵙지 못한 유옥연 주모 할머니를 생각하며 메밀묵 하나 양념간장에다 살짝 찍어 입에 넣는다.

3

행복 만들기

가죽구두

우리 동네에 살다 이사 간 A부인을 공원에서 만났다. 좀 오랜만이다. 우리는 벤치에 앉아 그간의 안부를 묻고 이야기를 나누었다.

1남 2녀 중에서 딸들은 제때에 결혼을 했지만 제일 위의 아들이 50세가 다가오도록 결혼을 못해 걱정하던 부인이다. 그래 아들에게 좋은 소식이 있나부터 물었다. 그녀는 한숨을 크게 쉬는 것으로 대답을 대신한다.

그녀 아들은 서울에서 소위 말하는 명문대를 나왔다. 키 크고 잘생긴 얼굴이고 좋은 직장을 가졌다. 1등 신랑감이라 말해도 이의를 다는 사람 없을 것이다. 그런데 어찌하여 반백 년이 되도록 짝을 못 만나고 있는지 모르겠다.

우리 아들은 서른한 살에 결혼을 했는데 그 당시엔 20대 지나면 노총각으로 여겨 아들이 30대에 들어서자 내 마음 많이 초조하였다. 그러던 어느 날 아들이 여자 친구를 데리고 온다고 했다. 나는 아들의 안목을 믿었지만, 혹시라도 며느릿감으로 마음에 들지 않더라도 무조건 결혼을 승낙하리라 했다. 평소의 마음 다짐을 다시 굳게 한 것이다. 반대를 했다간 자칫 아가씨 마음이 돌아서고 아들이 마음의 상처를 크게 받고 노총각이 될까 두려웠던 것이다.

내가 며느리 보는 일에 욕심을 내지 않고 미리 마음을 비웠던 탓인지 우리 식구가 된 며느리는 첫인상부터 좋게 느껴졌다. 알맞은 체격에 목소리도 좋고 심성도 고운데다 지와 교양까지 겸비하였다.

그러나 딸이 한 직장의 청년과 사귀어 결혼하겠다고 했을 때는 반대를 했다. 장남과는 절대로 사귀지 말라고 미리 쇠뇌를 시켰건만 사위 될 청년이 종갓집으로 5남매의 장남이기 때문이었다. 누가 중매를 했다면 입도 떼지 말라고 손사래를 쳤을 것이다.

자식 이기는 부모 없다고 결국 둘을 결혼시켰다. 손 거칠어진다고 설거지 한 번 안 시키기고 곱게 키운 딸이었다. 결과는 콩나물 볶는 일을 깨 볶듯이 빈 냄비에 물 안 붓고 달달 볶는 줄 아는 요리에 대해서 아무것도 모르는 딸이 되고 말았다. 그런 딸을 대가족 맏며느리로 보내놓고 보니 여간 걱정이 되는 게 아니었다. 시집 식구들에게 미움 받고 스트레스 된통 받을 것이란 생각을 했는데 그건 나의 기우였다.

안사돈이 점잖으셔서 고부갈등 같은 거 전혀 없다. 시동생은 더없이 착하다고 딸은 내가 묻지도 않는데도 여러 번 말했다. 시누이 3명과도 불편 없이 잘 지낸다.

사위는 또 얼마나 가정적인지. 요리도 잘하고 집에 손대야 할 불편한 점 등 딸은 나 몰라라 이고 사위가 다 알아서 한다. 명절 때 처갓집에 오면 화장실 구석에 혹 작은 곰팡이라도 보이면 약 사와 싹싹 제거하고 청소까지 해놓고 간다. 남편은 화장실 샤워 꼭지나 변기 고장이 나면 기술자를 부르지 않고 사위 오는 날을 기다려 부탁을 하는 것이다.

노총각 노처녀 면하는 길이 조건 너무 따지지 말고 마음을 비워야 함을 내 아들딸 결혼 시키며 절실히 느꼈다.

작금 혼기가 지난 처녀총각 특히 노총각이 너무나 많다. 50대의 남자 형제가 결혼 못 하고 부모와 함께 살고 있는 집이 우리 이웃에도 두 집이나 있다. 장가 못 간 노총각이라 하면 농촌 총각을 떠올렸는데 요즘은 조건이 두루 좋은 도시에 사는 노총각도 많으니 어인 일인지 모르겠다. 중이 제 머리 못 깎는다고 그래서 옛날부터 중매쟁이가 있었건만.

부모들은 당사자들이 태평이라고 말하지만 본인들 마음도 뭐가 편하겠는가. 그러나 이 세상에서 제일 서러운 게 늙는 것이고 제일 무서운 게 고독이라는 걸 그들은 모를 것이다. 돈이 아무리 많고 아무리 복지제도가 잘 되어 있어도 가족 없는 노후의 설움은 더 크고 가족 없는 노후의 고독은 더 심하다는 건 더욱 모를 것이다.

혼기 놓친 처녀총각 노후 서러움과 고독만 걱정할 일이 아닌 것 같다. 하늘을 봐야 별을 딴다는 말도 있듯이 처녀총각이 결혼을 하지 않으니 태어나는 아기가 없고 결과는 인구 감소다. 이러다가 나라가 없어지지 않을까, 그 걱정이 더 크다. 기우가 아닌 진정한 걱정이다.

범국민적으로 산아제한을 했던 게 오래전이 아니다. 그때 내건 슬로건이 '아들딸 구별 말고 둘만 낳아 잘 키우자'였고 곧이어 '잘 키운 딸 하나 열 아들 안 부럽다'였었다. 보건소 직원이 가가호호 방문까지 하며 아기 낳지 말라고 하지 않았던가. 대대적으로 떨던 그 오두방정, 인구절벽에 와 있는 지금 처녀총각 짝지어주기에는 왜 떨지 않는지 모르겠다.

옛날에는 처녀총각이 혼기를 놓쳐도 부모들이 크게 걱정하지 않았다. 짚신도 짝이 있다는 신념이 굳었기 때문이다. 과연 짚신같이 하류에 속하고 못난 사람도 짝 만나 시집 장가가서 아들딸 잘 낳고 살았지 처녀총각으로 늙는 사람 못 봤다. 살다가 사네, 못 사네 하지도 않았다. 이혼 같은 것 더욱 없었다.

그런데 신발로 따지자면 A부인의 아들은 짚신이 아닌 가죽구두인데 왜 짝을 못 만나는지 모르겠다. 반짝반짝 윤기 도는 고급 가죽구두인데.

거짓말

작은언니에게 전화를 하겠다고 앉았는데 냉큼 수화기를 들지 않고 있다. 오늘 밤에는 꼭 전화를 해 보리라 하던 어제까지의 마음이 변덕을 부린다.

작은형부가 돌아가신 지 1년이 지났다. 작은언니와 형부는 K시에서 살았는데 아들이 사는 S시로 이사를 하고 나서 일본여행을 하겠다는 계획이었다. 그런데 이사할 집 잔금도 치르기 전에 그 계획이 와르르 무너졌다. 형부의 당뇨합병증이 갑자기 악화되어 병원에 입원한 후 한 달 만에 돌아가셨기 때문이다.

작은언니 집은 우리 사는 곳과 멀어 자주 얼굴 볼 수가 없었고 전화 통화도 자주 한 편은 아니었다. 그런데 형부가 돌아가시자 언니의 슬픔이 너무 커서 나는 위로하느라 전화를 자주하게 되었고 언니는 언니대로 외로움에 전에 없이 내게 전화를 하곤 했다.

형부가 퇴직한 후 두 분은 바늘과 실처럼 어디든 같이 다녔다. 걷기운동은 물론 마트나 은행도 함께 갔다. 식사 준비는 늘 같이하고 맛집도 자주 다니며 일상을 활기차게 보냈다. 어머니가 일찌감치 둘째 사위가 아내한테 제일 잘한다는 말을 하였으니 옳게 보신 것이다.

주부들이 흔히 혼자 앓는 오지랖 잔병을 작은언니는 일일이 형부에게 하소연을 한다. 그 응석을 형부가 다 받아주니까 하지 나의 경우처럼 “나는 라면 끓여 먹을 테니 방에 들어가 누워” 이런 소리를 듣는다면 하겠는가?

형부는 돌아가셨지만 새집 잔금을 치르고 이사를 했다. 아들과 며느리가 함께 살자고 여러 번 권유했으나 언니의 고집을 꺾을 수가 없었다. 바뀐 환경에 낯선 집에서 자상한 남편과 함께 아닌 혼자 살게 되었으니 외로움과 서러움은 감당하기에 힘이 들 것이다. 배우자가 죽으면 그 충격이 1년이 간다는 말이 있지만, 작은언니의 슬픔은 상상외로 크다.

외아들인 조카는 한마디로 효자다. 한 아파트단지에 살면서 어머니 집에 자주 들락거리며 어머니를 어린애 돌보듯 한다. 필요한 게 뭔가 살피고 장 보아 나르고 짬짬이 바람 쐬어 드린다며 경치 좋은 곳을 구경시켜준다. 그런가 하면 질부는 질부대로 반찬 만들어 냉장고에 넣어 놓고 이불 등 큰 빨래는 시어머니에게 수고를 시키지 않는 등 수시로 들락거리며 불편함 없이 해준다. 혼자 들앉아 비관하지 말라며 경로당에 다니게도 하였다. 남편에게 받던 보호를 이젠 아들과 며느리에게 곱으로 받는다.

몇 년 전 우리 형제자매들이 함께 자리한 적이 있었는데 조카는 언니 옆에 붙어 앉아 환자도 아닌 언니의 핸드백까지 자신의 무릎 위에 얹어 놓고 앉아 있어 예사로 보이지 않았다. 어머니는 어린애처럼 보호 받으며 살아야 할 사람이라는 인식이 굳어져 있는 듯하다. 그런데도 언니는 내게 전화할 때마다 죽고 싶고 살기 싫단 말을 빠뜨리지 않는다.

전화 통화에서 "너 형부가 살아 있으면…"으로 시작하여

"죽고 싶어, 살기 싫어"로 끝을 낸다. 녹음해 놓았다 틀어주는 것 같은 언제나 같은 그 넋두리는 듣는데 조금은 인내심이 필요하다. 수면제를 사 모아야 하는데 약국에서 안 준다는 불평을 할 때는 벌컥 화까지 치민다. 족욕을 하려니 거들어 주던 너 형부가 없으니 하고 싶지 않다며 한숨, 걷기운동이라도 하려니 혼자는 못 하겠다며 한숨. 옷을 사야 하는데 너 형부가 있으면 백화점에 데리고 가서 이것저것 입혀 보고 골라 줄 텐데 하며 한숨, 이것도 남편 생각 저것도 남편 생각 어천만사를 남편과 연관시킨다.

내 일찍이 여자가 사별한 남편 따라 자살했다는 소리 들은 바 없다. 또한 노인이 늙으면 죽어야지 하는 말이 장사꾼이 밑지고 판다는 말과 노처녀가 시집 안 간다는 말과 함께 3대 거짓말인 것도 안다. 그런데 작은언니는 너무 자주 생을 포기하고 싶단 말을 한다. 남편의 보호 아래 기쁨도 슬픔도 함께 하며 살아온 인생이 앞으로는 혼자 살아내야 하는 외로운 인생으로 바뀌었단 생각이 밀물처럼 밀려오기도 하겠지만, 지나치다는 생각이 들어 연민에 앞서 짜증이 나기도 했다. 아들 며느리의 효도가 고마워서라도 죽고 싶고 살기 싫단 말을 하지 못할 텐데 어찌 저럴까 싶다.

아, 정말 자살을 계획하고 있는 건 아닐까? 만약 있어서는 안 될 황당한 일이 벌어진다면 언니의 자살에 나도 일조를 가했단 생각을 떨쳐버릴 수가 없을 것 같다. 죽고 싶다고 했는데도 적극 만류하지 않은 나의 죄는 어쩌나.

가슴이 두근거린다. 수화기를 들었다. 이번에도 죽고 싶다고 하면 넋두리 더 나오기 전에 재빨리 '사실 나한테 수면제 많이 있거든 보내 줄까.' 하며 꽈배기처럼 비꼬아 볼까? '그렇게 죽고 싶으면 죽지 뭐 수면제는 무슨, 아파트에서 뛰어내리면 젤 쉬울 텐데'라고 고함을 지를까? '유한한 우리 인생, 어차피 인간은 다 죽게 되어 있는데 미리 자기 목숨 스스로 끊는 건 바보 중에 바보 행위야'라고 쌀쌀맞게 말할까? '자살하면 죽어 좋은 데 못 갈 뿐 아니라 자식 앞길도 막힌다고 하던데…' 인생 선배처럼 점잖게 말할까?

그런데 전화를 받는 언니의 목소리는 비감에 젖어 있는 느낌이 들지 않아 우선 안심이 되었다. 지난 어버이날은 어떻게 지냈냐고 물으니

"찬호(작은언니 아들)가 무슨 선물 받고 싶으냐고 묻기에 홍삼

을 사 달라 하여 선물 받았고 아들 며느리 손자들과 다섯이 좀 근사한데 가서 외식을 했어."

한참 더 이어나간 대화에서도 진저리나도록 듣기 싫었던 그 죽고 싶고 살기 싫단 말은 안 한다. 스스로 홍삼을 먹을 생각을 하다니! 살기 싫은 마음이 살고 싶은 마음으로 바뀌었나? 아니 그동안 죽고 싶고 살기 싫다 한 건 거짓말이었나? 아니, 아니 처음부터 죽고 싶은 생각은 없었나?

괜한 걱정을 하며 언니에게 해줄 말들을 고심 연구(?)한 나 자신이 머쓱해졌다.

홍삼을 먹고 있다는 그 생각만으로도 생에 활기를 찾은 작은언니에게 '혈압약 먹는다며 홍삼 먹어도 괜찮겠어?'라고 하고 싶은 말은 입안에서만 맴돌 뿐 차마 할 수가 없어서 건강관리 잘하라 말하고 전화를 끊었다. 이젠 다시 작은언니의 거짓말에 속지 않으리라 맘을 먹었다.

뭐 거짓말을 하지 않겠지만 서도.

건망증 1기

"에구우~ 저 물은 내가 부지런히 안 마셔 저리 탁해졌구나. 하여튼 물 마시는 데는 게을러빠졌거든."

듣는 사람도 없는데 혼자 말했다. 우리 집은 물을 끓여서 마시고 물 끓일 때 넣는 재료를 자주 바꾸는데 냉장고에 두 가지 물이 있을 때가 많다. 내가 마시는 물을 남편이 싫어하고 남편이 마시는 물을 내가 싫어하여 남편 물 따로, 내 물 따로 끓이기 때문이다.

요즘 남편이 좋아하는 꾸지뽕 잔가지 끓인 물은 쉰내 같기도 하고 지린내 같은 이상한 맛이 느껴져 나는 고개를 절레절레 흔들고 안 마신다. 그래서 그 물은 생수병에 담아 냉장고 문 물병 장소에 넣고 내가 마실 옥수수 끓인 물은 빈 꿀병에 나누어 담아 냉장고 위 칸에 두었다.

아침에 물을 마시려고 냉장고 문을 여니 꿀병에 담긴 물병 중 하나가 맑지를 않고 탁해 보이는가 하면 어떤 부유물조차 떠 있어 놀랐다. 물을 오래 두어 생긴 현상인지라 물 자주 안 마시는 나 자신을 탓했다.

'하루 2리터의 물을 마셔라' 텔레비전 건강에 대한 프로그램을 시청하며 출연한 의사들로부터 수도 없이 들어온 말이 아니던가. 물이 우리 인체에 미치는 유익함을 조목조목 들며 물 많이 마시란 말을 거듭 강조하지 않던가. 물을 적게 마시면 적은 양의 물로 많은 빨래를 꼼지락꼼지락 빠는 것과 같다고까지 하였는데.

적은 양의 물로 많은 빨래를 하면 옷이 깨끗할 리가 없다. 우리 몸도 수분이 부족하면 오염이 된다는 뜻일 것인즉 아, 정말 물을 자주 마셔야지 다짐을 했었다. 그러면서도 물을 자주 안 마셔 물이 냉장고에서 변질이 되는 상황에까지 오게 하다니 쯧쯧.

쉰 물병을 냉장고에서 꺼내 싱크대에 확 쏟아부었다. 그런데 물 버리고 그 병 부뚜막에 놓기도 전에 '에구머니나' 기절할 것 같았다. 그게 옥수수 끓인 물이 아니라 바나나 꿀 발효액이란 생각이 났기 때문이다.

어느 날 숙면과 피로 해소에 꿀을 이용한 바나나 발효액이 좋다는 방송을 보았다. 주저 없이 바나나를 샀고 껍질이 거뭇거뭇해지기를 며칠 기다렸다. 완숙된 바나나를 잘라 병에 넣고 꿀을 부어 하루 한 번씩 저어주기를 사흘 했다. 건더기는 건져내고 냉장고 위 칸 구석 자리에 밀어 넣었다. 매실 발효액처럼 건더기 건져내고 얼마 동안 발효시킬 요량이었다. 그런데 그 바나나 꿀 발효액을 한 모금도 마셔보지 않은 채 내 손으로 버린 것이다.

바나나 발효액은 만들기가 너무 쉽고 발효되기까지의 기간도 짧아 그리도 쉽게 잊었나 보다. 물병과 발효액병이 같은 것도 문제였을 터이다.

하루 온종일을 바나나 발효액이 눈앞에 어른거렸고 마음이 몹시 언짢았다. 이런 내 기분 알기라도 한 듯 3인방 그룹채팅의 Y에게서 카톡이 날라 왔다, 내용인즉 오늘따라 저녁밥 짓기가 싫었다 한다. 그래도 남편에게 빵으로 때우자 할 수 없어 밥을 지어 먹고 나니 왜 아직 안 오냐는 계원의 전화가 오더란다. 오늘 저녁이 부부모임의 날이었다고 한다. 그러면서 '나 치매 1기!'라고 써 있다.

곧이어 B의 카톡이다. 자신도 며칠 전 계모임이 있는 날인 줄 깜빡 잊고 점심을 먹고 나니 빨리 오라는 전화가 오더라며 '나도 치매 1기!' 하지 않는가.

사람들은 암보다 치매가 더 무섭다고 말한다. 그런데 Y와 B 농담이지만 어이 그리도 쉽게 치매라는 말을 하는지 모르겠다.

치매란 말이 나오니 주변의 몇 사람 얼굴이 차례로 떠오른다. 우리 집 위층이 자신의 아들 집인데 몇 번이나 우리집 아니면 우리 옆집 벨을 누르던 70대 중반밖에 안 된 여인, 한집에 사는 손자를 어느 날 순간적으로 몰라보고 "이 애는 누군데 여기 앉아 있나?"라고 말하여 놀란 식구들에 의해 치매검사를 받은 역시 70대 중반인 지인, 치매가 와서 잘 되던 가게를 정리하고 요양원에 입원한 시장길 분식 식당집 아줌마 등등. 미리 치매 예방약을 먹는다는 사람은 또 얼마나 많은가.

나의 건망증은 어렸을 때부터 있었다. 그래서 나이 들어 뭔가 잘 잊어버리는 데 대해서 새삼스럽게 걱정하지 않았다. 원래 나는 그런 사람이란 인식이었기 때문이다. 누군가로부터 머리 좋은 사람이 건망증이 심하다는 말을 들었을 때는 '헤헤 나도 머리가 좋은가?' 기분 좋아하기까지 하였다.

내가 만들어 놓은 바나나 꿀 발효액을 오래 안 먹어 부유물이 생긴 옥수수 끓인 물로 착각하여 쏟아버린 행동, 그건 계모임의 날임을 잊고 집에서 밥을 먹은 것에 비할 수 없으리만치 심한 건망증이겠다. Y와 B가 그런 일을 행하였다면 '나 치매 2기 하였을까?'

나도 쇼킹한 바나나 꿀 발효액 이야기를 카톡에 올렸다. 그들이 계모임의 날 잊은 것 가지고 치매 1기라 했지만, 나는 '나 건망증 1기'라고 썼다. 곧 답이 날라 왔다. 치매니 건망증이니 그런 문자는 없이 둘 다 뱃살 움켜쥐고 웃었다는 이야기만 써 놓았다.

곰보배추

옆집 부인에게서 전화가 왔다. 보고 싶으니 오라고. 엊그제 만났는데 하매 보고 싶다니 알 수 없는 노릇이다.

어쨌거나 그냥 오라고 하는 것보다는 보고 싶다며 오라니 기분은 좋다. 보던 책 덮고 일어섰다. 현관문을 열고 들어가 거실로 들어서는 순간 '아하 저걸 주려고 오라고 했구나!' 단박 알아차렸다. 넓은 안방 바닥을 다 차지하고 두껍게 널려 있는 약초, 그 이름 곰보배추다. 참 많기도 하다.

밭이 멀어 오가기 힘들어 채소는 가꾸지 않고 주로 약초를 심는다는 말을 들은 적 있다. 지금 밭에 비단풀이 잘 자라고 있고 며칠 전에 곰보배추를 베어 와서 건조시키는 중인데 거의 다 말랐다고 한다. 곰보배추가 기침, 감기나 폐렴 등의 폐질환뿐 아니라 신장염이나 심장병 등 여러 질병에 좋다는 건 그녀가 말해주어 이미 알고 있다.

어릴 때 친구들과 나물 캐러 가서 냉이보다 훨씬 큰 곰보배추가 눈에 띄면 나는 괜히 기분 나빴다. 잎사귀가 오톨도톨하여 문둥이나물이라 하며 독이 있을 거라고 생각했고 먹으면 죽을지도 모른다는 생각까지 하였다. 냉이, 씀바귀를 캐면서 분량 늘리려고 향기도 맛도 없는 꽃다지, 명주나물 같은 걸 조금씩 뜯어 담으면서도 곰보배추는 절대로 캐지 않았다. 그 천덕꾸러기 곰보배추가 몸에 좋은 선약(仙藥)으로 오늘날 귀한 대접을 받으니 놀랄 일이다.

그녀는 약초에 대해서 말할 때면 검색해 보라는 말을 꼭 덧붙이지만 검색을 할 필요가 없다. 그녀가 무슨 약초가 몸 어디에 좋다고 할 때 그대로 믿으면 된다. 약초에 관한 책을 사서 약초에 대해 공부를 하고 산과 들로 다니며 채취를 하고 자신의 밭에다 가꾸기도 한다. 약초에 대해서 참 많이 안다. 그래서 나는 그녀를 약초 박사라 말한다. 효능이나 독성에 대하여 그녀가 존경해 마지않는 최진규 약초 박사만큼 안다고 해도 과장된 말은 아니다. 약초는 그늘에서 말려야 한다며 안방을 약초에게 내주고 부부가 작은 방에서 잠을 잘 만큼 약초를 귀중히 여긴다.

인심도 좋아 약초를 이웃에게 곧잘 나누어 주기도 하는데 나도 애써 채취해 온 줄풀이며 이질풀을 받은 적이 있다. 그런데 또 곰보배추를 주려고 하는 모양이니 이거 미안해서 어쩌나.

곰보배추는 맘만 먹으면 들에 나가 채취할 수 있으니 놔두라고 사양할까? 아니지. 헉헉거리며 힘들게 올라간 높은 산이나 멀리 이 들녘 저 들녘으로 헤매며 한 포기 두 포기 캐지 않은, 자신의 밭에다 대량 가꾼 것이니 주는 대로 못 이기는 척 받을까? 짧은 순간이지만 즐거운 고민을 하다가 그만 주는 대로 받기로 마음먹었다.

그런데 약초 박사는 어째 곰보배추 줄 생각을 안 하고 있다. 하기야 집에 갈 때 주겠지, 뭐가 급해서 미리 줄까.

얼마 전에 우리 아파트로 이사 온 집 이야기만 늘어놓는 약초 박사. 그 집 부인이 부동산을 해서 돈을 무지 많이 벌었다고. 그 집에 가면 으리으리한 이태리 가구가 눈을 휘둥그레지게 한다고. 몸이 무척 약한데도 하루 종일 쓸고 닦고, 쓸고 닦고 하여 집이 언제나 금방 지은 새집처럼 반짝거린다고, 부동산 투기를 하여 돈을 눈덩이처럼 불려 놓는 재주가 있다고.

나는 돈 버는 재주가 없다. 우리 고장은 늦가을부터 겨울까지 감을 깎고 매달고 포장하는 곶감 작업으로 목돈을 손에 쥐는 주부들이 많건만 나는 그런 일도 못한다. 여자라면 모름지기 집을 깔끔하게 해 놓고 살아야 하건만 나는 황금 같은 시간을 집 안 청소에 절대 허비하지 못한다는 이유 같지 않은 이유로 오방 난전같이 잘 어질러 놓고 산다. 그러면서도 돈 잘 버는 여자를, 살림 잘하는 여자를 존경한다. 그러니 내 입에서 어찌 감탄사가 나오지 않으랴.

"어머! 어머! 그래? 어쩜 그럴까 존경스러워라"

입까지 헤벌려 놀라움과 부러움의 시선을 약초 박사가 그렇기나 한 것처럼 그녀 얼굴로 던졌다.

이사 온 부인 이야기를 하는 중에 시간은 흘러 집에 오려는데도 약초 박사는 곰보배추를 끝내주지 않는다. 그러니까 약초 박사는 곰보배추를 주려고 나를 오라고 한 게 아니라 이사

온 부인 씹으려고 오라고 했던 것이다.

떡 줄 사람 꿈도 안 꾸는데 김칫국만 마시고 집으로 오는 내 눈에 곰보배추가 자꾸자꾸 어른거렸다.

밥 비벼 먹는 거

겨울이 떠날 채비를 하다가도 갈 듯 말 듯 주춤거리더니 오늘은 봄기운이 완연하다. 이제 묵은 김치도 싫증이 난다. 시장에 가서 줄거리 통통 살찐 미나리 한 단을 사야겠다. 끓는 물에 파랗게 데쳐 참기름 깨소금 아낌없이 넣어 무쳐서 밥 비벼 먹으며 아버지가 즐겨 읊으셨다는 옛시조를 읊어 볼까 싶다.

겨울날 따스한 볕을 님 계신 데 비치고자
봄미나리 살찐 맛을 님에게 드리고자
님이야 무엇이 없으리마는 내 못 잊어 하노라

그런데 친구 k에게 꿀병에 담긴 보리쌀 고추장과 함께 작은 무가 달린 무청 삭힌 걸 선물로 받았다. 가리는 음식 없이 뭐든 잘 먹는 이 친구는 밥 비벼 먹으면 맛있다는 말을 덧붙인다.

"으응 밥 비벼 먹는 거로구나"

옛날 어머니가 김장하는 날 잊지 않고 담는 게 있었으니 '밥 비벼 먹는 거'였다. 무청을 씻어 쫑쫑 썰고 무는 채썰기를 하여 조금만 섞어 소금에 절여놓는 것이 그것이다.

겨우살이 준비로 담그는 김장 종류로 김치, 동치미, 백김치, 깍두기, 무말랭이 짠지 등등 각기 그 이름이 있다. 이 음식들은 상에 올리면 그다지 예쁜 그릇이 아니라도 나름대로 보기도 좋다. 그런데 무청을 삭힌 건 색깔부터 우중충한 것이 영국제 본차이나 고급 접시에 담아 놓아도 인물이 나지 않는다. 투박한 막사발에 수북이 퍼다 놓아야 제격이다. 그런데 이 무청을 삭힌 건 이름도 없는 모양으로 어머니는 늘 '밥 비벼 먹는 거'라고 했다.

이 촌스럽기 짝이 없는 음식을 나는 싫어했다. 실제로 맛도 신통치 않았다. 시장이 반찬이란 말이 있지만 시장기가 있을 때 먹어도 맛없기는 마찬가지였다. 그러나 어머니는 제법 맛

있어 한 것 같았다. 고추장 놓고 썩썩 비벼 입 크게 벌려 잡수시던 모습이 지금도 눈에 선하다.

몇 년 전 김장철이 되자 이 '밥 비벼 먹는 거'가 문득 먹고 싶어졌다. 그게 뭐 어려운 일이랴, 어머니의 흉내를 내봤다. 무청을 겉의 억센 것 잘라내고 연한 것으로만 다듬어 했으니 옛날 어머니가 담근 것보다 훨씬 맛있겠지 했다. 그 시절과 다른 게 있다면 어머니는 부엌 모퉁이에 놓인 옹기 항아리에 담았는데 나는 김치냉장고용 김치통에 담아 김치냉장고에 넣은 것이다. 이 '밥 비벼 먹는 거'를 비빔밥 대접에 푼 뜨끈뜨끈한 밥 위에 한 숟가락 푹 퍼서 놓고, 상 위에 올라와서도 보글거리는 뚝배기의 된장찌개 두어 술 퍼 넣고 고추장 찔끔 얹어 척척 비벼 먹으면 맛이 퍽도 좋을 것 같았다. 하도 맛있어 밥 먹다가 '처음부터 좀 더 많이 비빌 걸' 할 것만 같았다.

그런데 맛있지를 않았다. 남편도 맛 없어 하는 눈치였다. 옛날에야 배를 채우기 위하여 한 끼 때우는 게 중요했지만, 지금은 영양이나 맛 따위를 따지면서 무엇을 먹을까 고민을 하는 시대가 아닌가. 누구나 옛날 향수 어린 음식이 먹고 싶어서 해 먹으면 그때 그 맛이 안 나는 법인데 그때도 싫었던 무청 삭힌 게 안 먹히는 건 당연하지 않을까.

어머니가 그때 이 무청 삭힌 것이 특별히 맛이 있어서 즐겨 잡수셨던 건 아니었을 것 같은 생각이 뒤늦게 든다. 그 시절엔 배추도 귀했던 기억이다. 알이 안 찬 부실한 배추로도 김장을 했던 것이다. 김치를 도마에 놓고 썰어 으레 시퍼런 잎 부분과 줄기 부분을 따로 담아 잎 부분은 여자들이 먹고 하얀 줄기 부분은 어른 상에 올리는 집이 대부분이었던 것이다. 여자들이 남자보다 더 오래 사는 이유가 김치를 영양가가 많은 잎 부분을 먹어서 그렇다는 말까지 생겼으니까.

내가 만든 그 '밥 비벼 먹는 거'는 몇 번 먹지 않고 외면을 당했다. 아까운 생각을 하면서도 나중엔 버리게 되었다. 그 후 무청은 시래기로만 사용했다. 그런데 상큼한 봄나물이 먹고 싶은 이 계절에 친구로 하여금 무청 삭힌 걸 먹게 되다니.

봄나물을 먹기 시작하면 친구가 준 이 음식을 정말 못 먹게 될지도 모르겠기에 봄미나리가 먹고 싶어도 그녀가 준 '밥 비벼 먹는 거'를 먼저 먹기로 했다.

'겨울날 따스한 볕을 님 계신데…'로 시작하는 시조는 며칠 지나 봄 미나리 먹으며 읊조려야겠다.

빈자리

"아내의 빈자리가 이렇게 클 줄은 몰랐습니다." 그렇게 말하시는 선생님의 눈은 '나는 이제 어떻게 살지요. 제발 대답 좀 해 주세요.' 하는 애원의 눈빛이다.

도서관에서 한문을 가르치는 선생님은 언제나 부인을 승용차 조수석에 태워서 오셨다. 두 분이 교실에 들어서서 선생님은 문에서 첫 번째 통로로 하여 앞으로 걸어가시고 사모님은 그다음 통로로 걸어서 남쪽 제일 앞 통로 쪽에 앉는다. 수업을 마치면 또 함께 가시고.

그런데 오늘은 선생님만 오셨다. 사모님이 밤에 자다가 어지럽다고 하더니 쓰러지셔서 도시 큰 병원에 입원시켜 뇌수술을 받았고 수술도 성공적이라고 마음 놓았는데 병원에서 돌연사처럼 갑자기 돌아가셨다는 것이다.

세상 근심 하나 없어 보이는 언제나 밝은 얼굴로 눈만 마주치면 생긋 미소 짓는 사모님을 우리는 도우미라고 지칭했다. 우리는 오전 수업인데 오후 주역을 가르치는 선생님도 쓰시는 모양으로 교편은 선생님이 놓았던 자리에 없기 일쑤였다. 선생님이 교편을 찾느라 두리번거리노라면 사모님은 빨리도 찾아 대령하곤 했다. 칠판에 글씨를 습관적으로 작게 쓰는 선생님에게 뒤에 사람 안 보일 거라며 글씨 크게 쓰라는 말을 곧잘 하는가 하면 써 놓은 글씨를 빨리 지울 때 그거 노트에 적는 사람 있을 텐데 왜 그렇게 빨리 지우냐고 살짝 나무라기도 하였다.

교단이 없고 보니 칠판이 낮게 걸려 있다. 그런즉 교탁이 칠판을 막아 칠판 아래쪽 글씨는 볼 수가 없는데 선생님은 한쪽으로 밀쳐놓은 교탁을 걸핏하면 끌어당겨 가운데로 놓곤 하셨다. 그러면 또 사모님은 일어나 교탁을 끌어 한쪽으로 밀어놓고.

사모님은 우리 학생들의 가려운 데를 긁어주는 효자손, 자연스레 도우미라고 부르게 되었다. 가만가만 옆 사람에게 속삭이듯 작은 소리로 가르치시는 선생님과는 달리 사모님 목소리는 걸걸하고 크다. 그 목소리로 한 번씩 선생님을 나무라면 강의실은 웃음바다가 된다. 그럴 때면 사모님이 나를 흘깃 돌아보는데 내가 언제나 주먹 쥔 손으로 엄지손가락만 펴서 흔들기 때문이다. 사모님이 입을 하마처럼 크게 벌려 웃고 내 기분도 덩달아 좋아 함께 웃곤 했다. 그렇게 웃고 나면 소리 없이 몰려오던 내 졸음도 저만치 달아나곤 했다.

무남독녀로 고이 자랐으나 시집살이는 고되었다고 한다. 장남한테 시집와 시부모 모시며 아들만 넷 낳아 키우고 가르치며 시동생 둘 공부까지 시켰으니 그 고달픔이 얼마나 컸겠는가.

선생님의 충격은 너무나 큰 것 같다. 언제나 씩씩하진 않았지만 사모님을 떠나보내고 처음 교실로 들어서시는 선생님은 아침 굶은 사람처럼 너무나도 힘없어 보인다. 어쩜 아침을 굶으셨을지 모른다. 한문책은 꺼내지도 않고 인생사에 대한 이야기만 하시는 선생님, 겨울방학이 많이 남았는데 마지막 수업이라고 하신다.

선생님은 안 그래도 가느다란 허리에 골목길 웅덩이처럼 쏙 들어간 배는 더욱 움푹하게 느껴지고 유난히 긴 속눈썹은 더욱 길어 보인다. 아내가 떠나고 나서야 라면 끓이는 법과 며느리가 사 놓고 간 '햇반'을 전자레인지에 데우는 자격증을 땄다고 하니 아침에 일어나 허둥지둥 세수하고 나오셨지 싶다. 아내가 묻힌 묘지엘 매일 가신다니 무덤 앞에서 밥하는 방법이라도 물었을까.

배우자 사망의 경우 충격에서 벗어나려면 1년이 걸린다는 글을 언젠가 신문에서 봤는데 오늘 선생님 얼굴에서는 1년보다 더 오래 충격에서 헤어나지 못할 것 같은 느낌이다. 죽은 뒤 묘지엘 매일 가면 뭐 하느냐고 있을 때 잘하시지 하는 사람도 있지만, 공기의 고마움을 모르듯 서로의 소중함을 살면서는 못 느끼는 게 부부가 아니겠는가.

부부가 살다가 함께 죽는 일은 교통사고나 화재 같은 사고가 아니면 있을 수 없다. 그걸 너무나 잘 알기에 "당신이 내 앞에 가야 해요"라고 생전의 사모님이 선생님에게 말해 아내가 먼저 가리란 상상은 한 번도 안 했다고 한다.

인생살이에서 제일의 큰 충격은 배우자 사망이라고 하며 눈시울을 붉히시는 선생님, 우리는 강의를 들을 때처럼 인정머리 없이 조용히 듣기만 했다. 해 드릴 말을 못 찾아서이다. 사모님은 당신이 오래 살고 싶어서가 아니라 가정의 모든 일을 나 몰라라 하는 남편이 혼자 남는 게 걱정되어서 남편보다 오래 살기를 원했던 것이다. 그러나 자신이 먼저 갔으니 참으로 뜻대로 되지 않는 인생살이다.

혈압이 30년을 하루같이 정상이라는 선생님, 일흔여덟의 연세에도 건강은 이십 대 청년 같아 살날이 많을 텐데 외로움과 불편함을 어떻게 감당하실까. 멀리 객지로 나가 따로 사는 아들, 며느리들이 홀로된 아버지의 고독을 헤아리기나 할까?

열 효자보다 악처 하나가 낫다는데 사모님은 악처 아닌 양처로 말년엔 그림자처럼 함께 다닌 금슬 좋은 부부가 아니었던가. 집 안 구석구석 보이는 모든 것이 아내의 흔적일 터이니 선생님은 아내의 빈자리를 무엇으로 채우실까.

사모님

"아주머니 저거 갈치 한 묶음 얼마에요?"

"만삼천 원인데 만이천 원만 주세요. 사모님!"

삶을 영위하다 보면 이상하게 생각되는 게 한두 가지가 아니다. 그중에서 한 가지 들라면 장날이면 난전에서 생선 파는 여자를 말하고 싶다. 이 여인은 손님들이 생선을 달라 하면 조기면 조기, 갈치면 갈치 달라는 대로 주고 돈 받으면 되련만 손님에게 필요 없는 호칭을 자주 사용한다. 아주머니 또는 아줌마라고 손님의 나이에 적합한 호칭이라면 하나도 이상하게 여길 일이 아니다. 가끔 가다가 사모님이'란 호칭을 뜬금없이 쓰니까 내가 지금 왈가왈부한다.

다른 지방에 사는 이 여자는 이곳저곳 장날을 찾아 후조처럼 다니다가 우리 고장 장날이면 어김없이 온다. 트럭으로 여러 생선을 고루 가지고 오는데 꽃게나 꼬막 같은 건 살아 꼼지락거린다. 다른 생선들도 냉동된 게 하나도 없다. 말하자면 물 좋은 생선을 파는 것이다. 그래서 주부들이 타지 사람 돈 벌게 해 준다면서도 단골이 되곤 한다. 그들은 죽 둘러서서 이거 달라 저거 달라 주문을 한다. 그러면 이 여인은 잽싼 손놀림으로 칼질을 하고 소금을 뿌리고 검은 앞치마 큰 주머니에서 검은 비닐봉지를 척 꺼내 담는 등 숙달된 손놀림으로 생선 팔기에 바쁘다. 명절 대목 때는 사람을 한 명 쓰기도 하는데 해가 서쪽 하늘 절반 가 있을 때쯤 언제나 그 많은 생선 스티로폼 상자가 다 빈다.

이 생선 장수 여인은 그 바쁜 와중에도 손님들이 "고등어 한 손에 얼마 해요?" 했을 때 "6천 원이에요" 하면 될 것을 "6천 원이에요 사모님!" 혹은 "6천 원이에요 아줌마!" 하는 것이다. 사람에 따라 호칭을 다르게 말이다.

이 생선 장수는 옷을 잘 입고 호강스럽게 사는 분위기가 느껴지는 손님에게만 사모님이란 호칭을 쓴다. 나이의 많고 적음은 상관을 안 한다. 늙지도 젊지도 않은 사람에게 할매라고 하는가 하면 새파랗게 젊은 딸 같은 사람에게 사모님이라 부르기도 한다. 그럴 때면 내가 괜히 낯간지럽다. 어리둥절함을 느끼기도 한다. 자연 사모님이라 불린 여자가 입은 옷이며 얼굴을 훑어보게 된다.

미국의 시인이며 수필가인 에머슨은 사람은 모름지기 옷을 잘 입어야 한다고 했다. 그 이유가 개들이 사람 옷 잘 입는 것을 존경하여 좋은 옷을 입은 사람을 공격하려 하지 않기 때문이라는 것이다. 사실 개들이 남루한 차림의 사람을 보면 멍멍 잘 짖기는 한다.

사모님이란 따지고 보면 스승의 부인을 높이어 일컫는 말이다. 그러나 직장 상사의 부인이나 윗사람의 부인에게도 적당한 호칭이 없으니 사모님이란 호칭을 쓰는 게 일반화되어 있다. 장사하는 사람이 장사수완으로 본인보다 나이가 덜 들어 보이는 주부에게 사모님이라고 하는 것 또한 흔히 있는 일이다. 이에 이의를 제기하는 사람은 아무도 없다. 그런데 생선 장수 여인처럼 사모님이란 호칭을 걸맞지 않게 쓸 때는 듣기 민망하다.

나는 생선 사러 장에 갈 때는 화장 안 한 얼굴에 편한 바지에다 헐렁한 점퍼 차림으로 운동화를 신고는 자전거 타고 쪼르르 달려간다. 그런즉 생선 장수 여자에게 사모님 소리 듣긴 애시 당초 틀렸다. 그런데 오늘은 나에게 이때까지 쓰던 아줌마 호칭을 안 쓰고 사모님이란 호칭을 쓴다.

'이 여자가 오늘은 웬일?'

이 생선 장수 여인에게 3년 전 할매 소리를 들은 적 있다. 나보다 나이가 더 많은 사람이 할매라니?

왜 내가 할머니의 할머니냐고? 나는 할머니 같이 늙은 손녀 둔 적 없노라고, 그 말 못 한 걸 두고두고 후회했다. 그 말을 했으면 부글거리는 내 속이 끓어오르는 칼국수 냄비에 냉수 부었을 때처럼 금방 가라앉았을 텐데.

그날 이후 다시는 그 여자에게 생선을 사지 않으리라고 작정을 했었는데 실천에 옮겨지지 않았고 그 여자도 더 이상 할매라고 하지 않았다.

오늘 사모님 호칭에 어리둥절했던 건 잠시다. 내가 다른 때와 다른 차림이었기 때문이라는 걸 금방 느꼈기 때문이다. 모임이 있어 화장을 곱게 했고 옷을 신경 써서 입은 것이다. 핸드백도 들었고 굽 높은 예쁜 구두도 신었다. 사람 많은 뒷전에서 13,000원에 갈치 묶음을 사 가는 걸 보아 가격을 알면서 괜스레 물어본 것인데 뜻밖에도 사모님이다. 거기다 보는 이 없으니 1,000원을 에누리까지 해준다.

의복에 따라 사람의 이미지가 그리도 달라진단 말인가. 하기야 일개 말 못 하는 짐승인 개들까지 사람의 입은 옷가지고 차별을 한다지 않는가. 하물며 사람인 이 생선 장수 여자가 손님의 옷차림새로 차별 대우를 하는 게 이상할 일도 아니겠다.

옛 어른들이 왜 의복이 날개라고 했는지, 왜 입은 거지는 얻어먹고 벗은 거지는 못 얻어먹는다고 했는지 알 것도 같다. 집에 금송아지가 있으면 누가 알며 하늘 찌를 빌딩이 있다 한들 누가 또 알랴. 당장 판단하기는 눈앞의 손님이 입은 옷일 것인즉 옷은 잘 입고 볼 일인가 보다. 사람은 의복에 알맞게 환영 받는다는 러시아 속담을 새삼 상기시킨다.

그렇다고 이 생선 장수 여자가 평소 나에게 아줌마라 부르다가 사모님이라 부른다고 생선 사러 가며 옷 잘 차려입고 갈 마음은 추호도 없다. 사모님 소리도 들어야 할 사람한테 들어야 마음이 편한 법이다.

외도

사진 친구는 다섯 명이다. 이번엔 셋이 뭉쳤다. 카톡을 이용한 번개팅이다.

몇 년 전까지만 해도 우리가 만날 때는 반드시 렌즈 교환식 카메라를 챙겼다. 그런데 오늘 새로 놓인 경천섬 낙강교를 구경하러 나왔으면서 우리 모두의 손에 디지털카메라가 들려 있지 않다. 한 친구는 렌즈 갈아 끼우기 번거롭다고 아예 두 대의 카메라에 광각렌즈와 접사렌즈를 장착해 어깨에 메고 손에 들고 다니며 참으로 열심히 사진을 찍곤 했었는데. 또한 친구도 스마트폰으로는 작품 사진이 안 나온다며 디지털카메라로 사진을 찍었었는데.

우리 모두는 사진을 정식으로 배우지 않은 아마추어 진사들이라 촬영기법을 잘 모른다. 그래서 우리가 찍은 사진들은 작품성이 못 된다는 것도 안다. 사진을 제대로 배울 여건도 주어지지 않아 그냥 찍어댔다. 좋은 사진을 얻기 위해선 발품을 많이 팔아야 한다는 어느 유명 작가의 말에 힘입었다는 게 솔직한 고백이다.

만추의 노란 은행나무 길을 담으려고 문광저수지를 찾았고 동네 이름 같은 맥문동 그 보랏빛 꽃밭의 풍광을 담으려고 굽이굽이 갈령재를 넘어 화북 골짜기를 찾기도 했다. 예천의 삼강주막으로 달려가 초라한 부엌 벽에 눈금 그어놓은 마지막 주모 유옥연 할머니만 알 수 있었던 외상 장부를 담고는 부침개와 도토리묵 등의 안주로 한 잔 막걸리 걸치는 행복에 젖기도 했다.

지금은 형편없는 늪으로 변하여 있지만 상주 공검면의 공갈못은 연꽃으로 유명했다. 볶은 콩 서 되를 한 알씩 먹으면서 말을 타고 돌아도 콩이 모자란다는 광활한 연못이다. 그 연못의 연꽃과 수련을 담느라 우리는 한여름 뙤약볕 아래서 땀을

비 오듯 흘리며 무거운 카메라를 들고 얼마나 열심히 셔터를 눌렀던가. 계절의 변화에 다른 모습으로 보여 주던 멋진 월류봉 출사며 배롱나무꽃이 필 때면 찾았던 반야사 그리고 병산서원.

보은의 임한리 그 안개 자욱한 솔밭과 해바라기 꽃밭을 담으려고 이른 새벽에 출발을 하는 수선도 피웠다. 점점 옅어지는 안개에 초조함을 느끼며 열심히 사진을 찍다가 안개가 걷히고 나서야 차 안에서 김밥을 먹던 열정.

우리는 각자 블로그나 카페를 운영했기에 서로들 홈페이지 운영을 위해 더욱 열심히 사진을 찍었다. 모두 다 열성이었지만 특히 내가 제일 그랬던 것 같다.

우리 고장 화개교에서 남천교까지의 긴 둑길에 해마다 여름부터 가을까지 코스모스와 해바라기가 양옆으로 줄지어 피었었다. 둑 아래는 하얀 메밀꽃이 군락을 이루었고. 그 낭만 어린 아름다운 풍경을 담느라 나는 거의 날마다 거기를 갔다. 삼각대에 카메라를 올려놓고 릴리즈까지 사용하여 사진을 찍어대곤 했으니.

그렇게 찍은 사진 중에 잘된 것을 골라 내 블로그에 올리곤 했는데 내 사진이 가끔 'daum 뷰 오늘의 pick'에 선정되어 메인에 걸리기도 했다. 그런 날은 어김없이 약간의 돈이 통장으로 입금되어 사진하는 즐거움을 배가시켜 주곤 했다.

사진을 하면 수필 쓰기에 있어 궁한 소재에 도움이 될 것 같지만 그렇지도 않았다. 좀 더 멋진 사진을 찍어 더 인기 높은 블로그를 운영하리라는 생각으로 머리 회전을 시키느라 글을 쓰는 데에 오히려 소홀하게 되었다. 방문자의 댓글에 답 글을 쓰고 답방을 하는 그 일이 많은 시간을 요하였기 때문이다.

끊임없이 내 손길을 기다리는 집안일이고 명절엔 40명이 넘는 아침식사 준비를 해야 하는 노역이다, 그런 와중에도 원고청탁이 오면 반드시 써서 보냈건만 블로그를 하고부터 그렇게 하지 못하는 전에 없던 일이 벌어지곤 하였다.

어쩌다 보니 문단생활을 하게 되었고 그것이 또 내 삶의 질을 높여 주었지만 글을 쓰는 일은 솔직히 고통이 따른다. 피가 마르고 뼈가 깎이는 작업이라고 혹자는 말했지 않았던가. 물 흐르듯 쉽게 읽혀도 결코 쉽게 쓰는 글이 아님을 아는 사람은 알리라.

다른 문예지의 원고청탁엔 원고를 보내지 못해도 크게 미안

하지 않는데 등단지에조차 송고를 못하는 일이 벌어짐에 나 자신을 돌아보게 되었다. 드디어 글을 쓸 것이냐 블로그를 할 것이냐 중에서 한 가지를 선택해야 하는 기로에 서게 되었다.

애초부터 내 블로그는 사진블로그였다. 사진 블로그였기에 사진을 안 한다면 블로그도 운영을 못 하는 것이다.

미련이 남는 블로그, 차마 비공개로 하지 못하고 전체 공개 블로그를 친구 블로그로 변경을 하며 극소수 인원으로 줄였다. 우리 사진 친구들과 만나면 반드시 챙기던 디지털카메라도 집에 두고 핸드폰으로 찍는 일이 이즈음이다.

글 쓰는 일은 고통이 따라도 나의 본분이고 사진과 블로그는 즐거워도 내게 있어 외도였다. 블로그를 안 한다고 해서 글을 예전처럼 열심히 쓸 것이란 자신은 없지만 외도는 그만두어야 한다는 생각을 굳히게 되었다.

이즈음 핸드폰으로 사진 찍는 우리 친구들 홈페이지도 게으름이 묻어나고 있다. 역시 나처럼 외도를 하다가 각자의 본분의 자세로 돌아가고 있다고 생각했는데 오늘 더욱 느끼게 된다. 경천섬 회상나루 위에서 멋진 낙강교를 핸드폰에 담는 그녀들을 보며.

행복 만들기

그룹 채팅 3인방 B에게서 카톡이 왔다. 「미스터 트롯」 진선미 뽑는 실시간 문자 투표에서 김호중을 부탁한다는 내용이다. 김호중의 팬인 줄 알고는 있지만 내가 이찬원을 좋아하는 줄 알면서도 부탁을 하니 김호중을 참 많이도 좋아하나 보다. 나는 나대로 이찬원을 부탁한다고 톡을 보냈다. Y가 끼어든다. 중간발표에서 현재 이찬원이 1위이고 요즘 인기가 많으니 진이 될 거라고.

티브이 조선 제1대 미스터트롯 진, 선, 미 뽑는 일은 복잡도 하다. 전문가인 마스터 점수와 대국민응원투표에 실시간 국민

투표까지 하니 대통령 뽑는 일보다 더 거창하구나 싶다. 결국 발표날 770만 넘는 표가 나와서 기계에 서버문제가 생겨 집계가 어렵게 되었다며 발표를 일주일 미룬다. 모두 허탈.

일주일 미룬 발표는 이틀 뒤 하게 됐는데 마스터 점수와 마스터 점수를 합산한 대국민 응원투표에서도 1등이었던 이찬원이 실시간 국민투표에서 3등으로 내려갔다. 김호중은 한 단계 올라 5등에서 4등이 되었고. 이찬원이 내려가도 한 단계 내려가거나 1등을 유지하지 않겠나 했기에 놀라움이 컸고 실망도 컸다.

시상식을 하는데 마스터 대표로 장윤정이 진 임영웅에게 휘장을 둘러준 후 두 손으로 얼굴을 감싸며 귀여워 죽겠다는 듯 어린이에게 하듯 흔든다. 그리곤 왕관을 씌우고 망토를 입히고 포옹을 진하게 하고 등을 토닥여 준 후 트로피를 준다. 선인 영탁에게도 두 손으로 얼굴을 감싸고 가벼운 포옹을 한다. 그런데 미 이찬원에게는 진과 선에게 해준 그 모든 행동이 깡그리 생략되고 휘장만 걸쳐주고 아주 가볍게 왼쪽 어깨를 살짝 건드리기만 하고 가는 게 아닌가. 장윤정은 무심코 한 행동이었는지 몰라도 그걸 보는 내 마음은 몹시 언짢았다.

이찬원이 1등에서 3등으로 곤두박질친 것도 충격인데 장윤정의 그 행동을 보노라니 이찬원에 대해 연민의 정을 금할 수가 없다.

이상한 것 또 있다. 진선미를 뽑으면서 진인 1등에게만 1억 원의 상금에다 고급 승용차, 안마의자, 수재화 200켤레, 조영수 작곡가의 신곡 앨범, 의류 이용권 등등 푸짐하게 몰아주고 2등 3등은 상금도 상품도 아무것도 없는 것이 그것이다. 그것이 처음부터 이상하고 못마땅했었는데 내가 좋아하는 가수가 2단계 내려가고 보니 더욱 못마땅하게 여겨졌다. 바로 옆에서 1등이 받는 그 많은 상금과 상품을 머쓱하니 서서 보고 있는 영탁, 이찬원은 무안하고 민망했을 것 같다.

무슨 경연에서나 1등에게만 상금을 주는 경우를 나는 한 번도 못 봤다. 티브이조선에서는 어찌하여 많은 상금과 여러 상품까지 1등에게만 듬뿍 몰아주는가. 상금, 상품을 그렇게 진에게만 주려면 선과 미는 왜 뽑는지? 진인 1등 한 명만 뽑아야 하는 거 아닌가.

내 개인적 생각으로 1억 상금에서 1등은 5천만 원, 2등은 3천만 원, 3등은 2천만 원 이렇게 주는 게 좋지 않았겠나 하는 생각을 한다.

이찬원은 두 단계 추락을 하고도 아쉬운 기색을 겉으로 내보이지 않는다. 아무 준비 없이 올라와 그저 마스터 심사를 받아보고 싶었다며 3등에 든 것만으로도 영광으로 생각한다고 말한다. 그러나 그 속마음은 아쉬움이 얼마나 컸겠는가. 그런데도 얼굴 표정에서 섭섭한 내색을 찾을 수가 없으니 천사다.

사실 3등도 대견하다. 현역 가수도 아니고 소속사도 없고 대학교 다니다가 휴학계 내고 가방 하나 들고 상경해서 불쑥 참여했으니 안 그런가. 트롯 외길 인생 24년을 걸어왔다고 하지만 군 복무에, 학교 공부에 언제 노래 연습할 시간이 있었겠는가. 선천적 재능이 뛰어남을 알겠다.

매주 목요일 밤 10시에서 자정이 넘도록 1등에서 7등까지의 가수가 출연하여 사랑의 콜센터 방송을 하는데 밤늦게까지 텔레비전 시청을 안 하던 내가 이날을 기다리고 이 프로를 본다. 날마다 코로나19 슬픈 소식을 접하며 불안과 걱정의 일상에서 웃음 잃은 나에게 사랑의 콜센터는 잠시나마 웃음을 선사하고 즐거운 시간을 갖게 해준다.

그런데 수천 통 심지어 만 통이 넘는 전화를 해서야 교환원과 통화가 이루어졌다고들 하고 통화가 이루어진 뒤 사랑의 콜센터에서 전화가 걸려오는 이른바 당첨은 하늘의 별따기라고 한다.

운 좋게 전화 당첨이 된 사람이 원하는 가수에게 노래를 신청해 듣고 가수의 높은 점수로 상품을 타게 되는 걸 보면서 나는 내 일이나 되는 양 기뻐해 주곤 했다. 그러다가 나도 당첨자의 주인공이 되어 보기도 한다.

내게 전화가 걸려온다. 김성주 센터장과 붐 부센터장이 사랑의 콜센터라고 외치고 가수 7명이 손뼉 치며 환호한다. 어디에 사는 누구냐의 센터장의 물음에 대답을 하니 먼저 원하는 가수의 특징을 말하라고 한다. 떨리는 가슴을 진정시키고 원하는 가수는 노래를 참 잘 부른다고 했다. 임영웅, 영탁, 이찬원, 김호중, 정동원, 장민호, 김희재 7명 가수 모두 긴장된 얼굴이다. 노래는 다 잘 부르니 어찌 안 그러랴. 또 얼굴이 잘생겼다고 했다. 7명 모두 고개를 사슴처럼 길게 하여 잘생긴 사람은 바로 나라고 무언의 표정들을 짓는다. 다 잘생겼으니 또 어찌 안 그러랴. 센터장이 그다음을 재촉한다. 귀엽게 생겼다고 했다. 김호중, 장민호만 제외하고 조금씩 기대하는 눈치다. 나는 한마디 더 했다. 아직 엄마젖 더 먹어야 하는 얼라(아기)라고.

정동원이 입을 크게 벌리고 벌떡 일어나서 전화통 앞에 가 선다.

'어! 어! 어! 아닌데…'

마침 김성주 센터장이 가수 이름을 크게 불러야 한다고 말한다. 나는 "이찬원요" 하며 목이 찢어질 듯 크게 외쳤다. 정동원 어리둥절 무안한 표정으로 자리로 들어가고 가수 6명은 파안대소하며 의자에 쓰러진다.

이찬원이 전화통 앞에 섰다. 센터장이 아직 얼라라며 어째서 정동원이 아니고 이찬원이냐고 묻는다. 내가 큰소리로 대답했다. 엄마 보고 싶다며 닭똥 같은 눈물 흘리며 펑펑 우니 아직 얼라 아니냐고. 또다시 웃음바다다.

노래 신청을 하라고 한다. 어머니가 좋아하셨던 남인수의 「고향은 내 사랑」을 신청했다. 혹시 이 노래를 모르면 어쩌나 하는 생각이 잠깐 스쳤지만 최소 1,000곡은 안다고 했던 찬또위키가 아닌가. 역시 이찬원은 망설임 없이 구수하게 「고향은 내 사랑」을 잘 불렀고 100점을 받아 방방 뛰며 좋아했다. 그리곤 냉장고며 텔레비전 등 고가의 상품을 잘 뽑아 얻은 금손이란 별명이 무색하지 않게 또 냉장고를 뽑았다. 붐이 놀라 바닥에 쓰러지고 김호중이 날렵하게 달려가 의사보다 능숙한 솜씨로 두 손으로 가슴을 누르는 응급처치를 한다.

상품이 배달되었다. 냉장고 옆에 또 냉장고! 볼수록 사랑스러워 나를 살맛 나게 해 주고 있다. 청소보다 싫고 밥하기보다 싫은 부엌 설거지도 신이 난다.

내 일찍이 삶을 영위해 오면서 이런저런 제비뽑기에서 당첨이 된 적은 한 번도 없었기에 요행 같은 것 아예 바라지 않는다. 사랑의 콜센터에 당연히 전화하지 않았다.

사랑의 콜센터로 전화는 하지 않지만 내가 전화를 하고 연결이 되고 당첨이 되어 내 가수의 노래를 듣고 좋은 상품을 타는 상상을 하며 행복해하는 것이다.

김호중을 투표해 달라고 내게 카톡을 보냈던 친구, 김호중이 부른 「고맙소」를 자주 들으며 사랑의 콜센터를 열심히 본다는 이 친구에게 나의 이 행복 만들기 이야기를 해 주어야겠다.

4

장롱

까마중 꽃

자고 일어나면 언제나 화장실로 들어가 손을 씻고 주방으로 들어가곤 했는데 요즘은 그 먼저 하는 일이 있다. 까마중을 보는 일이다.

오늘 아침에도 일어나자마자 베란다의 까마중 화분 앞에 잠시 쪼그리고 앉았다. 자생식물인 까마중, 들이나 길가에서도 까마중을 보았지만 그것이 집에서 화분에다 키운 까마중만큼 애착이 갔든가 어디. 고추 꽃같이 생긴 수수하기 짝이 없는 작고 하얀 꽃이 피며 초록색 동그란 열매가 까맣게 익는 까마중을 보았다 해서 신기해하지도 않았고 좋아하지도 않았다. 그러나 우리집 화분의 까마중은 느낌이 사뭇 다르다.

까마중을 집에서 키우겠다는 생각은 한 번도 하지 않았다. 어느 날 부겐베리아 화분에 저절로 싹이 올라왔기에 더부살이 하는 게 안쓰러워 꽃삽으로 폭 떠서 빈 화분으로 고이 옮겨 주었던 것이다.

어찌하여 까마중이 저절로 화분에서 자라고 있을까 생각을 해봤다. 지난해 가을 이웃에 사는 K부인이 키 크고 아주 튼실하게 자란 까마중을 나 주려고 산책길에서 뽑아 왔다며 불쑥 내밀었다. 그걸 다듬는 과정에서 씨앗이 어떻게 화분으로 들어갔고 뒤늦게 싹을 틔운 모양이다.

베란다에는 여러 화초들이 있다. 키 작은 꽃들을 지그시 내려다보는 줄기에 가시가 박힌 키 큰 꽃기린, 그 이름답지 않게 가지가 연해서 멋지게 자라다가 그만 가지가 똑 부러져 난쟁이 같아진 목베고니아, 물 자주 안 주면 삐지지만 향기 좋은 쟈스민, 주인의 무관심에도 그 마음 하해 같은 군자란. 물을 자주 안 주어도 예쁜 꽃을 피워 나같이 게으른 사람이 키우기엔 딱 좋은 게발선인장, 종이로 만든 것 같은 부겐베리아. 고양이가 소화불량에 걸리면 스스로 찾아서 먹는다는 덩이괭이 밥, 물을 자주 주면 뿌리가 썩고 안 주면 말라 죽고 실패를 거듭하던 제라늄, 모기 퇴치한다는 구문초, 깜찍한 브라질 아부릴톤 등.

서로 다른 향기와 다른 모양의 꽃을 피우는 우리집 화분의 화초들은 한 가지 공통점이 있다. 모두 꽃이 화려하고 예쁘다는 것이다. 그런데 꽃이 화려하지도 예쁘지도 않은 쪼끄만 한해살이 식물 까마중이 심지도 않았는데 언감생심 끼어들어 자라다니.

한방에서 용규라고 부르는 이 식물을 지방에 따라서 갈가마구, 까마종이, 깜뚜라지, 야가자, 먹딸기, 강태, 땡가리 등으로 부른다니 이름도 많다. 이 식물이 갖가지 암과 상처에 치질, 종기, 습진, 가래, 설사 등등에 민간요법으로 쓰인다고 한다. 남성호르몬인 스테로이드와 아스파라긴, 루틴, 사포닌, 카로틴 등이 들어 있고 이런 성분들이 티푸스균, 포도상균, 녹농균, 적리균, 대장균 등의 균을 죽이고 염증을 삭이며 혈당을 낮추는 작용을 한다고도 한다. 또한 여름에 모기에 물렸을 때 잎을 짓찧어서 바르면 당장 가려움이 사라지며 까마중 잎 삶은 물로 눈을 자주 씻으면 눈이 밝아진다고도 한다.

이 베란다의 작고 초라한 까마중꽃을 보노라면 나를 보는 듯하다. 뛰어난 글 한 편 발표하지 못하면서 내로라하는 훌륭한 작가들 명단 틈에 내 이름 석 자 떡하니 끼어 있기 때문이다.

부족한 내 글도 효능 많은 까마중처럼 독자들 마음에 자양분이 되면 좋겠다는 생각을 까마중꽃 앞에서 해본다.

뒷자리

일주일에 이틀, 그 이틀도 두 시간의 수업이지만 도서관의 한문교실에 나오니 명색이 학생이다. 겨울방학을 했었고 그 방학이 끝나 다시 출석을 한 지도 여러 날 됐다.

오늘도 오른쪽 줄 통로 쪽으로 앞에서 두 번째 자리에 앉았다. 각기 자리가 정해진 건 아니지만 학생들 거의 자신이 앉았던 자리에 앉곤 한다.

나는 초등학교도 들어가기 전에 큰오빠에게 종아리 매 맞으며 한자를 배운 적이 있다. 그 탓인지 한문 실력은 조금 있는데다 이 나이에 한문 배워 뭐하나 싶은 생각에 다니고 싶지 않았다. 그러나 반장인 친구의 학생 인원수 채우기 위한 간곡한 권유에 의해 한문교실에 다니고 있다. 그러나 내 뒷자리에 앉았던 J는 스스로 나왔다. 한문 공부를 하고 싶어서가 아니라 여러 사람과 어울리는 게 좋아 나온다고 했다.

J는 내 뒷자리가 특히 좋다고 했는데 나와 함께 이야기를 나눌 수 있어 좋다는 것이다. 앞으로도 일찍 와서 내 뒷자리에 앉겠다고 했다.

한 시간의 수업이 끝나면 갖는 10분간의 티타임에 나는 돌아앉아 J와 이야기를 나누며 차를 마시곤 했다. 그런데 겨울방학이 끝난 새 학기부터 내 뒷자리는 다른 사람이 앉는다.

J와는 오래전부터 친목계를 했는데 여행계란 명목이었다. 우리는 자주 여행을 했고 기차여행을 많이 해서 자연 많이 걷게 되었다. 그녀는 언제나 행진하는 군인처럼 씩씩한 걸음걸이로 앞서 걷곤 했다. 어떤 때는 천천히 걷는 일행을 답답해하며 빠르고 넓은 걸음나비로 목적지에 먼저 가 앉아 있기도 했다.

J는 청상이 된 시어머니를 잘 모시는 효부 며느리다. 성당에 다니면서 봉사활동을 많이 하는가 하면 서예학원과 노래교실에 나가 여가를 즐기는 일도 게을리하지 않았다. 늘 바쁜 사

람, 그런 그가 요즘 밥을 짓고 청소를 하는 등의 일손조차 놓고 있다. 많이 아프기 때문이다. 자주 병치레하던 사람이 암에 걸렸다면 그럴 수도 있을 것이라 하겠지만 J는 암만 생각해도 아니다.

그녀의 평소의 섭생은 좋은 편이다. 식사 속도가 빠른 것 외의 모든 것이 모범적이다. 매사에 긍정적인 사고를 가졌는가 하면 어떤 음식이 맛있다고 과식을 하는 법이 없고 규칙적으로 식사를 한다. 일찍부터 산악회에 가입하여 전국의 명산은 거의 다 등산한 단단한 체력의 소유자다. 기온 뚝 떨어진 추운 겨울에도 내의를 입지 않고 새벽이면 동네 앞산에 올라가 단체 체조에 참석하곤 했다. 나와 함께 등산을 하노라면 늙은 소나무들이 뿜어내는 알싸한 공기를 심호흡으로 들이마시며 이게 보약이라 말하며 너무나 행복해했다.

아플 시간이 없어 못 아플 것 같은 그의 몸에 어떻게 못된 병이 비집고 들어갔는지 모르겠다. 어느 날 견딜 수 없는 복통으로 병원 응급실에 실려 갔고 거기서 초를 다투어 서울 큰 병원으로 보내져 알게 된 췌장암.

언제부턴가 소화가 안 된다는 말을 하긴 했다. 모임에서 냉면을 먹던 날 속이 아프다며 혼자만 밥을 먹은 일도 있다. 위내시경 검사를 몇 번이나 했어도 위장이 깨끗하다며 알 수 없는 위장장해를 답답해했다. 그 위통의 원인이 췌장암 때문이라는 걸 어찌 알았으랴. 그녀가 내 뒷자리에 없는 것이 해외여행을 하는 등의 일시적 사정 때문이라면 얼마나 좋을까.

며칠 전 우리 계원들이 문병을 갔다. 원래 살집 없는 몸이 더욱 날씬하고 48평짜리 큰 아파트는 여전히 깔끔하다. 며느리 친구들이 가면 웃으시며 반기시던 시어머니는 며느리 발병 후 시설에 맡겨 안 계신다. 3남매 중 큰딸은 미국 살아 작은딸이 주말에 와서 청소와 반찬을 해놓고 간다고 한다. 집안일이란 매일 있는 법, 평소 안 하던 집안일에 아내의 약까지 챙겨줘야 하는 남편의 수고가 너무나 큰 것 같다.

앞으로의 남은 생에 비해 살아온 날이 많은, 그러나 아직은 죽으면 아깝다 할 나이. 행여 친구 하나를 잃을까 우리들 마음은 착잡했다. 그런데 남편의 눈시울이 붉을 뿐 J는 담담한 표정이다.

아들보다 든든한 맏며느리가, 또한 마음의 의지가 되었던 맏딸이 많이 아픈 줄도 모르는 그의 시어머니와 친정어머니, 그

두 분 생각을 하면 안타깝기만 하다.

그가 한문교실에 들어오기 전인 지난해 여름, 한자능력검정 시험에서 반장과 나는 함께 6급 자격증을 땄다. 시험은 의무가 아니어서 싫으면 안 봐도 된다. 그러나 반 학생들 모두가 8급에서 4급까지 자기 능력에 맞춰 처음으로 시험을 치렀다. 올해 또 5월에 5급, 11월에 4급을 보자고 반장이 내게 말하자 J가 나에게 "시험 보지 마. 시험 보자면 집에 가서 공부를 해야 하잖아. 그것도 스트레스야 편하게 살아" 하였다.

그는 3남매 예쁘게 키워 짝지어 주고 손자 하나씩 보았으니 누가 봐도 복 많은 사람이다. 그런데 나름대로 스트레스 받은 일이 있었던가 보다.

도서관 나오는 것 내키지 않았는데 친구가 나와서 내 뒷자리에 앉으니 재미를 붙였다는 내 말에 아래윗니 드러내고 소리 내어 웃던 J, 그렇게 환하게 웃는 모습을 어서 다시 봤으면 좋겠다.

지금 이 시각 티타임이다. 그녀 없는 내 뒷자리는 돌아보지 않고 뜨거운 대추차를 책상 위에 놓는다. 달콤하던 대추차가 J 생각 많이 나는 오늘은 쓰기만 하다.

떡 방앗간 집 여자

쑥절편을 빼러 떡 방앗간에 왔다. 떡 방앗간 집 여자 얼굴이 활짝 핀 흰 목련처럼 환하다. 평소 잘 웃지 않는 사람인데 오늘은 웃음 헤픈 여자처럼 연신 생글거린다. 행복한 기색이 역력하다. 알고 보니 며칠 전에 한 눈 쌍꺼풀 수술 때문이다.

떡 방앗간 집 여자는 약간의 중풍기가 있는 남편을 제치고 무거운 고무다라며 찜 솥을 힘든 기색 하나 없이 번쩍번쩍 드는 등 방앗간 일을 혼자 도맡다시피 하고 있다. 거추장스러울 법한 제법 굵은 반지를 무명지와 왕손가락에 사시장철 끼고 있는 것 외에 여자다운 그 무엇을 나는 이 여인에게서 느껴본 적이 한 번도 없다. 남자 같은 억센 팔뚝이나 굵은 허리통이야 마음대로 되지 않아 그렇게 됐다 하더라도 언제나 화장기 없는 얼굴에서도 그랬다. 내 눈에 그녀는 그저 방앗간 기계 잘 돌아가고 찜통에서 하얀 김 꾸역꾸역 창문 통해 나가기를 바라는, 그래서 돈이 호주머니 두둑하게 들어오는 것으로 행복해할 어디까지나 떡 방앗간 집 여자로만 여겼었다.

그러나 그녀는 갈데없는 여자였다. 오랫동안 눈꺼풀 수술의 꿈을 꾸고 그걸 일흔 나이에 실천을 한 젊은 감각을 지닌 여자.

젊은 사람들은 쌍꺼풀의 눈을 원하여 수술을 하지만 나이 든 사람들은 눈꺼풀이 처져 보기 싫다고 하는 경우가 많다. 이 핑계이거나 저 핑계이거나 다 예뻐지고 싶은 마음의 발로에서 하는 수술이겠다.

떡 방앗간 집 여자는 나이가 나이이니만큼 처진 눈꺼풀 수술을 한 것이라고 생각되지만 쌍꺼풀을 목적하고 한 수술이다. 짙은 색의 선글라스를 살짝 벗어 보이며 눈꼬리 옆의 주름도 하는 김에 제거했다며 이번엔 입을 크게 벌리고 소리 내어 웃는다.

그런데 딸한테 된통 핀잔을 들었다고 한다. 4남매가 모두 가까이 살고 있는데 그 누구에게도 말을 안 한 건 차치하고 칠순을 한 달 앞두고 수술을 하였기 때문이다. 칠순 잔치를 식당에서 친지들 모셔서 베풀기로 했는데 수술한 표가 역력히 나는 눈으로 사진을 찍게 되었다며 화를 내더라는 것이다. 그러나 떡 방앗간 집 여자는 오랫동안의 염원을 이루어 그렇게 좋을 수가 없다고 한다. "그넘의 성형외과가 이제야 우리 고장에 생겨 눈 수술을 이제야 한 게 억울한데 사진이 대수냐"며 히히히 웃는다.

인생은 60부터라고들 하더니 요즘은 70부터라 한다. 억지 춘향의 그 말이 떡 방앗간 집 여자에게 눈 쌍꺼풀 수술하는 용기를 주었지 않았을까 하는 엉뚱한 생각을 하며 그녀의 미소 짓고 있는 얼굴을 다시 한번 더 넌지시 바라본다.

먹고 싶은 곶감

붙박이장 속에 처박아둔 액자를 꺼내 들고 어디에 걸까. 두리두리 방안을 살핀다. 침대 머리맡 전기스탠드 걸렸던 자리에 못이 박혀 있어 걸었다가 떼어 내 벽시계 아래에 못을 박아 걸어놓고 넌지시 바라본다. 자랑스러운 액자가 아니지만, 며느리가 온다니 걸어 놓는다.

지지난해이다. 늦은 가을의 이른 아침 산책길에서 내 눈길이 딱 멈추어진 곳이 있었다. 큰 곶감 건조장이다. 우리 고장은 전국에서 첫째로 손꼽힐 만큼 곶감으로 유명하기에 그 곶감이 신기할 건 없었다. 그러나 그날의 내 눈엔 높은 천장에서부터 땅에 닿을 듯 말 듯 주렁주렁 매달린, 아직 갈색으로 변하지 않은 그 많은 주황색 껍질 깎은 감이 단 한 개도 몸이 서로 닿지 않은 게 그리 신기하게 보일 수가 없었다. 찬연한 아침 햇살 받아 더욱 색감 고운 모습을 넋을 잃고 보다가 '아 먹고 싶다' 작은 소리로 외쳤다.

올해는 우리 고장의 감이 흉년이라고들 하는데 본격적 감 깎는 철이 되자 어디에서 감이 쏟아져 들어오는지 여느 해와 다름없이 곶감 작업장마다 감 깎아 매다는 사람들로 활기가 찼다. 주부들은 감을 깎아서 수입을 꽤나 올리기도 하고.

곶감 사진을 찍고 싶었다. 집으로 달려가 카메라를 챙겨 나가 몇 컷 찍었다. 컴퓨터에 올려보니 영 마음에 안 들었다. 이튿날 그 시각에 다시 가서 다른 구도로 몇 컷 담았다. 또 불만족이다. 다음 날 또 갔다.

이렇게 연사흘을 좋은 사진을 얻기 위해서 사진이 가장 잘 나오는 아침 이른 시각을 택하여 갔었다. 한 점 좋은 사진 작품을 건지려면 같은 장소에 백 번이라도 찍으러 가기를 주저하지 말아야 한다는 어느 사진작가의 글이 나를 집에서 거리가 가깝지 않은 그곳엘 사흘 가는 용기를 준 것이다. 그렇게 쫓아다녔으나 사진이 못마땅하고 보니 나의 사진 기술에 한계가 있다는 탄식이 나왔다.

사진을 제대로 알려면 10년이 걸린다는데 나는 DSLR 카메라를 갖게 된 지 고작 2년밖에 더 되지 않았다. 그리고 카메라도 렌즈도 저가품이지 않는가. 나의 사진 기술 없음은 생각 안 하고 목수 연장 나무라는 식의 불만이 나왔다.

사흘 더 이상은 가지 않았다. 더 이상의 실망을 하지 않기 위해서. 아니 실망을 왜 한단 말인가? 잘 나오면 잘 나오는 대로 못 나오면 못 나오는 대로 지내면 될걸. 내가 언제부터 사진을 했다고 실망을 해?

내가 찍은 사진에 실망을 하는 이유는 아마도 사진 공모전에 출품을 하고 싶은 마음이 숨어 있었기 때문이겠지. 못 오르는 나무는 쳐다보지도 말라 하는데 감히 공모전에?

다른 사진은 잘 됐다 싶어도 공모전에 내볼 생각이 들지 않았는데 곶감 사진은 유난히 애착이 갔다. 마침 모 사진 사이트에서 사진 공모 중인지라 몇 번을 망설이다가 도전을 했다. 한 사람이 다섯 점을 출품할 수 있지만 곶감 사진 딱 한 점을 골라 「먹고 싶은 곶감」이란 제목을 달고 보냈다. 입상하리란 기대는 하지 않았다. 내로라하는 사진가들 대열에 끼어 출품을 했다는 것만으로도 내 가슴은 많이도 울렁거렸고 행복했다. 그런데 그 사진이 입선이라니. 금상, 은상, 동상이 아닌 가작도 아닌 입선작에 들었지만 나의 놀라움은 컸다.

온라인 출품이라 상장을 다운받아야 했다. 요즘은 글을 메일을 사용하여 보내고 하니 프린트기 잉크가 자꾸 마르고 하여 있던 프린트기를 치운지라 난감했다. 빨간색 낙관이 그대로 나오게 하려면 누군가의 도움을 받아야 하는데 옆집에도 칼라 잉크를 쓰지 않아 부득이 아직 어린 손녀 윤서에게 전화를 했다. 아이디와 비밀번호를 가르쳐 주고 상장을 다운받아서 인쇄해 달라고. 그 과정에서 며느리가 알게 되었는데 며느리는 상장을 예쁜 액자에 넣어서 가지고 왔다. 좀 더 예쁜 액자를 사려고 액자를 골랐다는 며느리. 자랑스럽지 않은 입선인데 "어머님 대단하세요." 말과 함께 액자에까지 넣어서 가지고 오다니. 며느리의 마음 씀이 정말 고마웠다.

그러나 입선은 아무리 생각해도 자랑스럽지 못하여 상장을 출력해준 손녀와 그 상장을 그냥 가져오지 않고 예쁜 액자를 골라 사서 넣어 가지고 온 며느리에겐 미안하지만 벽에 걸지 않았던 것이다.

명절이 다가오니 아들네 식구가 온다. 나는 붙박이장 속의 액자를 꺼내 벽에 걸었다. 처음부터 벽에 걸어 놓았던 것처럼 시침을 뚝 떼고.

수박이 맛있는 까닭

마트에 수박 사러 갔다. 참외는 작은 것으로, 수박은 큰 것으로 사야 한다는 나의 지론이다. 그래서 오늘도 이 마트에 더 이상의 높은 가격이 없는 2만 원짜리 수박 앞에 섰다.

그런데 2만 원 가격표를 똑같이 붙이고 있는 수박이 어째 크기가 조금씩 다르다. 월등히 큰 수박이 있는가 하면 그 큰 수박 바로 옆에 가격을 2천 원쯤 적게 매겨 놓으면 적당할 것 같은 수박도 있다. 제일 큰 수박을 사겠다고 맘먹었는데 내 눈은 자꾸만 작은 것에 가 머무른다.

물건값 모르면 돈을 많이 주라고 했으니 이 작은 수박이 큰 것과 똑같은 값을 할 만큼 이유가 있겠지. 그 이유는 달고 맛있다는 것일 것이고.

옛날에는 수박을 살 때 반드시 과도로 세모나게 칼집을 내어 수박이 잘 익었는지 덜 익었는지 확인을 하고 샀다. 맛이야 어쨌든 빨갛거나 진분홍색이면 됐다. 수박색이 덜 익은 흰색에 가까운 연분홍색이면 사지 않아도 되었다. 그 수박을 버리게 되어 수박 장수가 손해를 보는 한이 있더라고 네 알 바 아니었고 당당히 되돌아갔던 것이다. 그런데 언젠가부터 수박 칼집 내어 보는 일이 없어졌다. 날로 발달하는 기술재배 탓인지 색이 옅은 수박은 요즘 볼 수가 없기 때문이다.

나는 과일을 좋아하는데 여름엔 수박이 특히 좋다. 수박이 다이어트에 좋다거나 이뇨작용이 있어 건강에 좋다거나 하는 그런 건 생각하지 않는다. 달고 시원하고 온몸을 구석구석 청소하는 느낌의 그 싸한 맛이 그냥 좋다.

작은 수박에 또 눈길이 간다. 이 수박은 우선 예쁘다. 초록 줄도 선명하고 밑바닥 가운데에 있는 꼭지가 작고 위의 덩굴 줄기가 가늘다. 껍질도 얇은 것 같다. 맛 좋은 수박이 가지고 있는 장점을 다 갖추고 있다. 두드려 보니 수박이 잘 익었을 때 내는 아름답고 맑은 '통통' 소리까지 내는 게 아닌가. 그렇다고 큰 수박이 덜 익었을 때 내는 '탁탁'이나 '동동' 이나 그런 소리를 낸다는 건 아니다. 그저 작은 수박이 좋게 봐서 그런지 완벽하게 잘 익은 소리를 내고 있다는 느낌이다.

오전 이른 시각이라 손님이 없는 틈을 타 입구 쪽의 제과 빵 아가씨가 와서 참견을 한다. 내가 사려고 하는 큰 놈을 까닭 없이 못마땅해하는 것이다.

"수박을 어떻게 키웠길래 저렇게 크겠어요? 크다고 다 좋은 건 아닌 것 같아요, 사람처럼"

수박 사는데 사람 키 이야기가 왜 나오는지. 이 제과 빵 아가씨 보니 나처럼 키가 작다. 내 비위를 맞추려고 그랬을까. 아님 작은 키에 한이 맺혔을까. 그 뼈 있는 말에 빙긋 웃음이 나온다.

제과 빵 아가씨 때문일까 2천 원 정도 손해 보는 것 같지만 큰돈 아니니 달고 맛있을 것 같은 작은 수박을 사리라 했다. 그런데 또 무슨 변덕인가 큰 놈에게 손이 지남철 끌리듯 간다. 질보다 양을 따졌던 배고프던 시절을 보낸 탓일까. 작은 수박 한 덩이 사서 가운데 것 아이들 주고 맛없는 겉 부분만 먹은 기억이 나서일까. 휘영청 밝은 달밤에 가슴 콩닥 방아질

하며 수박 서리하는 데 따라갔다가 익지도 않은 수박 따서 실망했던 기억이 떠올라서일까?

결국 큰 수박을 택하고 말았다. 맛없고 있는 건 운에 맡기지 뭐. 카트에 담아 밀고 계산대로 가는데 보는 사람마다 눈을 크게 뜨고 수박 크다고 한마디씩 한다. 과자를 진열대에 진열하는 아가씨는 아예 나를 불러 세운다.

“아우! 수박 크네요. 수박이 너무 크면 맛이 덜할 건데 잡수실 거예요, 쓸 거예요?”

제사에 쓰느냐 묻는 모양이다. 참 인정들도 있다. 먹을 거라고 하니 또 너무 크면 맛이 덜하지 않겠느냐며 고개를 갸웃하여 걱정스러운 얼굴 표정까지 지으며 관심을 가져준다. 수박은 모름지기 커야 맛있다는 내 마음이 혼란스러워졌다. 카트에 담긴 채 가격표만 떼어 계산을 하는 동안에도 불안한 마음을 떨쳐버릴 수가 없다.

배달된 수박을 들 수가 없어 냉장고 앞으로 굴려서 옮겼다. 행주로 닦고 쪼개어 냉장고에 넣으며 맛을 보니 오! 너무 달고 맛이 좋다.

수박이 특별히 달고 맛나게 느껴지는 건 마트 직원들의 관심과 친절이 보태어졌기 때문이 아닐까?

자가격리

중대본과 경북도청 재난문자도 자주 오는데 요즘은 기독교 선교시설인 상주시 화서면의 BTJ열방센터 종사자와 그 가족의 코로나19 확진 증가로 상주시청 문자가 하루에도 몇 번씩 온다. 열방센터 방문자는 증상 유무와 관계없이 반드시 코로나19 검사를 받으라는 문자와 새 확진자를 알리는 문자다. 코로나 청정지역 상주가 열방센터로 하여 초 비상사태다.

반갑지 않은 문자 음이 또 울린다. 또 확진자가 생겼나? 부디 상주시청에서 보낸 문자가 아니길 바라며 불안한 마음으로 확인을 하던 나는 소스라쳐 놀랐다. 가슴이 쿵 내려앉는 것 같다.

'2020. 12. 23~2021. 1. 5(공휴일 제외) 08:10~10:00 동성동 행정복지센터 방문자는 상주시 보건소 선별진료소에서 검사 바람'

오! 이럴 수가 있단 말인가. 내가 1월 5일인 어제 11시경에 거기를 방문했지 않았던가. 날이 밝으면 동성동행정복지센터로 전화를 해서 한 시간 뒤에 방문한 사람은 검사 받지 않아도 되지 않느냐고 물어보리라. 그런데 또 소스라쳐 놀랐다. 내가 우리 동 관할 동문동행정복지센터엘 갔어야 했는데 동성동행정복지센터를 갔음이 뒤늦게 생각나서다. 아무리 길눈이 어둡기로서니 몇 번 갔던 동문동행정복지센터엘 가지 않고 다른 사무소엘 가다니. 두 사무소가 이름이 비슷하고 거리가 인접해 있기로서니 착각을 하다니. 센터 입구 집채만큼 큰 바위에 동성동행정복지센터라고 까맣게 새겨져 있는 긴 글자는 왜 못 봤지? 사무실만 바로 찾아갔으면 이 피 마르는 걱정을 안 해도 된다는 생각에 나 자신이 너무 밉고 가슴이 두근거리며 어지럼증까지 오는 것 같다.

사람들은 젊은 사람의 건망증으로 인한 행동은 건망증으로 보면서도 나이 든 사람의 건망증은 치매로 여기는 경우가 많음을 보았다. 내가 복지센터를 잘못 찾은 것을 누구에게 말한다면 반드시 치매 초기로 간주할 것만 같다. 코로나19 새 확진자가 생길 때 몇 번 확진자는 몇 번 확진자의 가족이란 뉴스를 자주 보았기에 나로 인하여 남편도 확진자가 되는 거 아닌가 싶어 내 손으로 내 이쪽저쪽 빰을 세게 때려주고 싶고 벽에다 머리를 쥐어박고 싶다.

계모임은 코로나19가 종식될 때까지 하지 않기로 했다. 부득이 외출을 할라치면 마스크 착용에 불편함을 무릅쓰고 승강기를 이용하지 않고 계단으로 다녔다. 안경 쓴 사람이 전염될 확률이 낮다기에 보안용 안경 아니면 선글라스를 썼고. 손 씻기는 또 얼마나 자주 했던가. 참으로 조심하며 지냈었는데.

하룻밤 자고 나니 마음이 바뀐다. 전화를 안 하기로. 보건소 방문은 더욱 안 하기로. 그 대신 자가격리를 하리라고. 자가격리란 누가 차려주는 밥을 방에서 먹고 그 그릇 방문 앞에 내놓아야 하건만 나는 그런 자가격리 기준을 지킬 수 없어 고민이다.

새벽같이 일어나 아침밥을 지어 식탁에 차려놓고 서재 방에 들어와 누웠다. 남편은 전에 없이 다정하다. 방문을 열고 어디가 아프냐? 밥을 왜 안 먹느냐? 밥 먹어라. 걱정스러운 얼굴이다. 마스크도 벗지 않은 채 누워있던 나는 기겁을 하고 손을 내저으며 문 닫으라 했다. 신경이 극도로 예민해져 있어 하마터면 소리를 지를 뻔했다.

방역지침을 준수하지 않아서 코로나 확진자가 된 사람들에게 나는 저 사람들은 자랄 때 부모 말 무지하게 안 들어 부모 속을 꾀나 썩였을 거라며 열을 내곤 했는데 이제 그런 비난의 화살을 쏠 자격도 없을 것 같다.

남편에게 당부했다. 내가 주방에 있을 땐 주방에 들어오지 말 것이며 내 가까이 오지 말 것이며 집에서도 마스크를 쓰라고. 그리고 밥도 따로 먹겠다고.

가수 강진이 며칠 전 텔레비전에 나와서 말했다. 집에서도 마스크를 쓴다고. 부인에게도 마스크를 쓰고 음식을 장만하라고 했다고. 서로 의심을 해야 한다고. 이어 함께 출연한 강진 아내가 말을 거들었다. 부부가 코로나 이후 겸상해서 밥 먹은 적 없고 남편이 식사하고 나면 자신이 밥을 먹는다고, 1년

365일 자가격리를 한다고.

그 생각을 하니 내가 남편에게 무리한 부탁을 한 게 아니란 생각이 드는 것이다. 남편은 나의 전에 없던 행동을 요즘 그 BTJ열방센터로 하여 상주에 확진자가 자꾸 생겨서, 또한 자신이 계모임에 간 것에다 엊그제는 친구 몇이서 등산을 하고 식당 식사를 하고 온 것 그 때문이라고 생각하는 것 같다. 그런데 남편은 내가 저녁 준비를 하는데 주방에 어슬렁어슬렁 들어와 냉장고 문을 열고 마실 것을 꺼내 가더니 또 들어와 물을 끓이려 한다. 나의 부탁을 그새 잊다니 천하태평이다. 마스크를 쓴 걸 보니 잊지는 않았으면서 왜 가까이 오는지? 나는 하던 일 멈추고 재빨리 주방에서 나가며 밥 직접 차려 식사하라고 했다.

동사무소가 다정하게 느껴지고, 부르기도 편하고 좋건만 언제부턴가 주민센터로 바뀌더니 또 언젠가부터 행정복지센터란 긴 이름으로 슬그머니 바뀌어 있다. 앞에 동네 이름을 붙이니 자그마치 아홉 글자다. 너무 못마땅하다.

동사무소가 행정복지센터로의 명칭 변경으로 하여 내가 우리 구역 행정복지센터엘 가지 않고 다른 데 갔다는 생각이 자꾸 드는 것이다. 이어 파출소를 지구대로, 잘 사용해 오던 번지 주소는 낯설기만 하고 국민들이 불편해하는 도로명 주소로의 변환조차 못마땅하게 느껴진다. 안 쏟아부어도 되었을 어마어마한 예산 낭비라며.

또 하루가 갔다. '동성동행정복지센터 직원 18명 전원 음성, 방문자 중 유증상 자는 가까운 진료소에서 검사하시기 바랍니다.'란 재난문자가 온다. 후유! 가슴을 쓸어내렸다. 먹구름같이 어두운 마음이 안개 걷히듯 한다. 그래도 안심을 할 수가 없어 시작한 김에 자가격리 같지 않은 어설픈 자가격리지만 2주 동안 이어가리라.

장롱

“이놈아, 이놈아 이 때려죽일 놈아”

한 여인이 악다구니를 쓰며 내게로 다가왔다. 마른하늘에 날벼락이다.

생판 모르는 여자다. 목소리 큰 사람을 일러 기차 화통을 삶아 먹었다고 하던데 기차 화통을 삶아 먹어 목소리가 크다면 이 여자는 기차 화통을 열 번은 삶아 먹은 것 같다. 여자 목소리가 어찌나 큰지 경기가 일어날 것만 같다. 내가 뭘 잘못했다고 흥분해서 팔을 걷어붙여 삿대질까지 해가며 소리를 지른단 말인가.

그런데 왜 놈이냔 말이야 놈, 연놈으로 따질 것 같으면 내가 년이지 놈인가 어디.

나의 궁금증은 오래가지 않았다. 여자의 발악은 나를 향한 발악이 아니었다. 어느 가게에서 나온 이 여자, 맞은편 가게를 향하여 걸음을 옮기면서 소리를 질렀는데 내가 공교롭게도 그때 그곳을 지나가다가 여자와 부딪칠 뻔한 것이다. 여자는 너무 화가 나서 사람이 지나가는 것도 안 보였던 모양이다. 나는 놀란 가슴을 진정시키기 위해 근처 아는 가게로 들어갔는데 거기서 대략의 사연을 들었다.

악다구니 쓴 여자의 딸이 초등학교 동창회에 갔다. 남편이 뒤를 밟았다. 그 남자는 자신의 아내가 한 남자 동창생과 손을 잡고 있는 걸 봤다. 손을 정답게 잡고 있었는지 악수를 했는지 그것까지는 모르겠다. 잠깐 잡았다가 놓았겠지 계속 잡고 있지는 않았을 것이다. 남자는 눈이 뒤집혔다. 그 남자의 눈꺼풀은 얼마나 얇기에 그만한 일에 뒤집히는지 참으로 얄궂다.

남자는 끓어오르는 질투를 못 참아 동창회에서 돌아온 아내를 밤새도록 두들겨 팼다. 굴신 못 하도록 팼다.

설마 밤새도록이야 팼겠는가. 밤새도록은 장모의 말일 것이다. 여인은 딸이 사위에게 맞아 초주검이 되어 친정엘 왔으니 사위가 있는 가게를 향해 걸어가며 소리를 지른 것이다. 동창회에 가서 남자 동창생 손을 잠시 잡기로서니 그게 그리도 큰 죄인가?

언젠가 나도 초등학교 동창회를 한다는 연락을 받았다. 흘러가 버린 세월에 많이도 변했을 동창생들의 얼굴이 보고 싶었지만 사정이 있어 불참을 하였다. 남자 동창생 중에 2학년 때 내 짝꿍이었던 H, 그는 어느 날 창틀에서 화단을 향해 오줌을 누다가 나한테 들키자 선생님한테는 물론, 애들한테도 말하지 말라고 당부를 했다. 우리는 그때 주번이어서 같이 화장실 청소를 해야 하는데 자신이 혼자 하겠다며 나를 집으로 보낸 그 H의 변한 모습이 궁금했다.

짝꿍은 아니었지만 K도 보고 싶었다. 내가 서울 경향신문, 문화방송국에서 주최한 생활수기 공모전에서 최우수작으로 매스컴을 탔을 때 이 동창생이 대구문화방송국 기자 자격으로 우리 집을 찾아왔었다. 그때 나는 가지 않겠다고 했고 그는 자신 목 잘린다며 부디 와 달라고 사정했었다. 그날 차 한잔 대접 안 하고 마당에서 선걸음에 보냈는데 그때 미안했다는 말을 언젠가는 하여야겠다고 생각을 하고 있었기에.

동창회 때 내가 참석했고 H와 K도 왔다면, 그리고 그들 중 누가 내 손을 단순히 악수가 아닌 반가워서 잡았다면 나는 뿌리치지 못했을 것 같다. 오랜만에 보는 동창생이 반가워서 잡겠지, 뭐 갑자기 생긴 연분홍 감정이겠는가.

그런데 초등학교 동창회가 사건을 일으키는 예가 더러 있긴 있다고 한다. 남자 보는 기회가 적은 전업주부가 동창회로 하여 바람이 나기 쉽다는 것이다. 아마도 그 남자는 그런 소문을 듣고 아내의 뒤를 밟았지 않았을까?

아내가 동창생 손을 잡았다고 해서 두들겨 패다니 자신은 동창회 나가면 여자 동창생 손 안 잡을까 그게 궁금하다. 아내가 동창회에 갔으면 갔다 오겠지 할 것이지 뒤는 왜 밟는가. 애초에 아내가 동창회에 간다는 게 비위 상했을 것이다. 마누라가 자기 집 안방의 장롱처럼 집안에만 들앉아 있고 밖에 나가는 게 싫었을 것이다. 그런데다 늦도록 안 오니 찾아갔는지도 모르겠다.

초등학교 남자 동창생에게 손 한 번 잡히고 남편한테 죽도록 매 맞은 여인 측은도 하다.

장모의 화는 언제쯤 풀릴까? 애면글면 곱게 키운 딸이 잘못한 것도 없으면서 사위에게 매 맞으니 어느 장모가 속이 안 뒤집히겠는가?

사위 사랑은 장모라고? 장모 사랑도 사위 하기 나름이지 딸하고 산다고 무조건 장모 사랑인가? 경우에 따라서는 사위에게 놈 자를 붙이며 욕을 할 수도 있다는 걸 이 여인은 보여주고 있다.

그러나저러나 우리 남자 동창생들 다 뭐 하는 거야. 동창회 한 번 더 할 법도 하건만 저네 장롱들 무서워 여자 동창생 못 만난다는 건가?

친구

A! 그녀는 한마디로 살림꾼이다. 음식 솜씨 좋은 건 말할 것도 없고 살림을 알뜰살뜰 잘 산다. 그녀를 생각할 때면 앞치마 두르고 있는 모습이 먼저 떠오른다. 집안일 할 때 꼭 앞치마를 두르는 그녀는 쓸고 닦고 씻고 참 부지런하게 움직인다. 살림 사는 일이 주부들의 임무이긴 하지만 때로는 귀찮고 그래서 게으름을 피우기도 하건만 그녀에게는 그런 게 없다. 취미가 뭐냐고 물으면 모르긴 해도 밥하기, 설거지, 청소하기라고 말할 것 같다.

그녀는 나와 친목계 계원이고 우리는 한 아파트에 살기에 서로의 집으로 자주 오갔다. 별난 음식을 하면 우리는 서로 나누어 먹으며 참 친하게 지냈다.

B! 그녀도 나와 친목계 계원이다. 계모임은 한 달에 한 번 가지기에 다른 친구들은 한 달에 한 번 만나지만 이 친구는 자주 만난다. 우리 고장 천봉산을 계절에 관계없이 함께 오르기 때문이다. 우리는 시간 약속을 하고 산 아래까지 자전거를 타고 가서 거기에 자전거를 세워두고 함께 산을 오르며 이야기보따리를 풀어놓곤 했다. 엊그제 만났어도 반갑고 어제 만났어도 반가운 다정한 내 친구 등산친구다.

산행하는 날에는 비지찌개가 맛있는 보리밥집에 가서 점심을 먹는 행복을 덤으로 안고 각자 집으로 향하곤 했다.

C! 그녀는 나의 외사촌 언니다. 문인이지만 나와 장르는 다르다. 우리는 친척을 떠나 문학으로 잘 통했다. 그래서 우리는 서로 문우라 고집했다. C는 다른 이야기할 때는 사흘 굶은 사람처럼 기운 없어 보이다가도 문인들 이야기나 작품 이야기를 할 때면 눈이 초롱초롱해진다. 그뿐 아니다. 얼굴에 홍조를 띠

며 목소리가 커지는 것이다. 문학세미나를 다녀와서는 시시콜콜 내가 모르는 작가들 이야기를 수다스럽도록 늘어놓는다. 작품을 읽으며 작가에 대해 멋대로 상상을 하다가 그 작가를 직접 보았을 때의 실망감을 산적두목 같다느니 붓 장수 같다느니 하면서 하하하 몸을 흔들며 먼저 웃어 젖히곤 했다. 나도 까르르 따라 웃으며 우리는 문단 얘기로 즐거운 시간 가지기를 자주했다.

D! 그녀는 한 동네서 자라고 초등학교 6년을 한 반에서 공부한 나의 오랜 소꿉친구다. 다른 한 친구 H와 셋이 시오리 먼 길로 학교를 다녔는데 그녀는 우리 셋 중에서 1등을 놓친 적이 한 번도 없다. 공부 1등이 아니고 하굣길에서 외나무다리 건널 때와 옹달샘 물 조롱바가지로 떠먹을 때 1등이다. H와 나는 감히 D를 제치고 1등을 하겠단 생각조차 안 해야 했다. D가 언제나 "일뜨응~" 하고 나서야 남은 우리는 다투어 2등을 외치곤 했다. 학교 마치고 읍내 친구 집에 놀러 갔다가 어두워져서 집에 가는 날 상엿집과 공동묘지 모퉁이 그 무서운 데를 지날 때 D가 상엿집 쪽으로 가는 일은 절대로 없었다.

결혼 후 친구가 가게를 하다가 접고부터 잘 만나지지 않았는데 그녀가 어느 날 얼굴 잊겠다며 만나자고 해서 우리는 자주 만나 식사를 하며 끊어진 우정을 이어갔다.

부모 팔아 친구 산다
친구 따라 강남 간다
금 팔아 친구 산다

이런 말은 옛날부터 있어 왔다. 예나 이제나 인간이 삶을 영위하는 데 있어 친구가 얼마나 필요한가를 느끼게 하는 말들이다. 나는 위에 열거한 좋은 친구들이 있어 삶이 늘 활기찼고 행복했다.

그런데 이 네 친구들이 A는 담낭암, 다른 세 친구는 췌장암으로 짧은 투병 끝에 모두 이 세상을 하직했다. 인생이 유한이라 하여도 어찌 그리도 빨리들 가는지 알 수가 없다. 친구들이 꿈인 듯 이 세상을 떠나갈 때마다 마음 여린 나는 상처를 깊게 받곤 했다. 특히 아끼고 쪼개 쓰는 알뜰 살림꾼 A는 50대 후반에 갔는데 그 남편이 재혼하지 말라는 아내의 말을 듣지 않고 3개월을 겨우 넘기고 재혼을 해서 마음이 더욱 아팠다.

해가 바뀔 때면 몇 문우들한테서 새해 복을 빌어주는 이메일이며 핸드폰 문자가 온다. 한 문우는 형식적인 안부가 아닌 근황을 묻기에 친한 친구들이 멀리 가버려 외롭다고 했더니 우리에겐 외로울 때나 괴로울 때나 함께하는 문학이란 친구가 있지 않느냐고 하는 것이다. 그 문우는 문단활동을 열심히 하니 문학을 친구라고 스스럼없이 말하겠지만 나는 문학에 열성적이지 못 하니 문학을 친구라고 생각 못 하고 있었다.

그러나 나도 이제부터 독서도 많이 하고 글도 열심히 쓰면서 떠난 친구들을 잊고 문학이란 친구와 가까워지도록 노력하여야겠다.

꺼먹비누

베란다 청소를 하고 빨랫비누로 물걸레를 빠노라니 빨랫비누가 뚝 부러진다. 아직 많이 남아 있는데 어쩌자고 벌써 부러진단 말인가. 이미 부러진 비누도 많은데 또 비누 조각 통에 보태어 놓는다. 비누를 쓸 때마다 반드시 이런 경험을 하게 되니 불쾌하다. 오래전에 사용하였던 꺼먹비누 생각이 절로 난다. 자랄 때 집집마다 만들어 썼던 빨랫비누다.

물을 슬슬 끓여서 퍼 놓고 양잿물을 넣어 녹여 그 물에 등겨를 넣어 반죽을 하여 굳기 전에 네모난 판때기에 부어 굳힌다. 두부모 자르듯 칼로 네모나게 자르면 비누 완성이다.

네모 모양의 비누는 다른 집 비누이고 우리 집 비누는 늘 둥글넓적하였다. 비누를 네모지게 만들 수 있는 나무판때기가 없어서 어머니는 손으로 일일이 뭉쳐서 만들었던 것이다. 비누를 그렇게 만들려면 다른 집 엄마들보다 힘이 많이 들었을 건데 그때의 나는 어머니의 수고를 헤아릴 줄 몰랐다. 군불만 때던 좁은 사랑채 부엌에서 혼자 비누를 둥글게 다독다독 만드셨던 어머니.

꺼먹비누는 양잿물을 많이 넣고 만들면 빨래의 때가 잘 가고 적게 넣어 만들면 때가 잘 가지 않아 빨래하기가 힘 좀 든다. 양잿물도 아껴야 하여 양을 적게 했는지 어쩌다 양을 조절하지 못했는지 그건 모르겠다. 어쨌든 꺼먹비누는 양잿물을 넉넉하게 넣어 만들었거나 부족하게 넣어 만들었거나 상관없이 쓰다가 부러지는 일이 절대로 없다. 얄팍하게 남아 더 이상 사용하기 불편하면 새 비누에 찰싹 붙이면 떨어지지 않는 알뜰비누다.

보리개떡을 닮은 꺼먹비누를 나는 곧잘 개떡비누라 칭하기도 했다. 네모나거나 둥글 넓적하거나 상관없이 꺼먹비누는 꼭 개떡같이 생겼기 때문이다. 보릿가루로 소다 넣어 찐 개떡,

햇보리 타작을 하고 나서 방아 찧을 때 정미소에서 보드라운 보릿가루 따로 받아 집집마다 간식으로 만들어 먹던 보리개떡. 밀가루로 만든 밀개떡만큼은 맛이 못하지만 보리개떡도 소화 잘되고 배고플 땐 먹을 만하였다.

거무튀튀한 개떡을 닮은 꺼먹비누, 볼 때마다 보리개떡 같다는 생각을 했지만 그건 어디까지나 비누이지 개떡은 아닌 것이다. 그것을 입에 넣는 실수는 하지 않는데 이웃집 초등학생 석진이, 학교 갔다 와서 방금 잘라 놓은 꺼먹비누를 개떡으로 알고 한입 베어 먹었다고 한다. 꺼먹비누가 개떡 같이 생기긴 했지만 얼마나 배가 고팠으면 비누를 개떡인 줄 알고 입에 넣었을까. 놀란 아이 엄마가 재빨리 목으로 손가락을 집어넣어 토하게 하는 응급처치를 해서 무사했다니 생각할수록 아찔하다. 양잿물 양이 적었던 꺼먹비누였나 보다.

양잿물은 비누를 만들기 위해서만 구매하는데 보관에 신중을 기해야 한다. 이웃 동네에 시집살이도 고달픈데 남편마저 걸핏하면 폭력행사를 하여 양잿물을 마셔 죽음을 택한 여자가 있었다. 그 소문은 나로 하여금 양잿물에 대한 공포감을 불러일으켰다. 그러나 양잿물은 늘 눈에 띄지 않았다. 어머니가 눈에 안 띄는 어디에 숨겨 놓는지 아니면 비누를 만들 분량만큼 만 사는지 나로서는 알 수가 없었다.

요즘은 세탁기가 빨래하는 수고를 덜어주지만 모든 빨랫감을 세탁기에 의존하지는 않는다. 옷에 따라 손빨래도 하고 걸레는 반드시 손으로 빤다. 그래서 항상 빨랫비누가 준비되어 있어야 한다. 옛날엔 빨랫비누가 떨어지면 이웃집에서 한 장 빌려 쓰기도 했지만 요즘에 빨랫비누 꿔 달라고 하는 이웃은 없다.

세월은 그저 흘러가는 게 아니다. 얼굴에다 원수 같은 고랑을 냅다 지어놓는 잔인함도 있지만 단추 하나 누르면 세탁이 되는 편안함도 주고 간다. 꺼먹비누 쓰던 시절에 세탁기가 등장을 하리라고 그 누가 상상이나 했던가. 세월이 준 선물이 아닐 수 없다.

작가 정재호 선생의 수필집에는 사라져 가는 옛 물건들이 많이도 등장을 한다. 호롱불, 상투, 갓과 두루마기, 화로, 지게, 멍석과 덕석, 담뱃대, 요강, 맷돌, 디딜방아, 다듬잇돌, 삿갓, 비녀, 목침, 뒤주, 박 바가지 등이다. 주어 섬기기도 벅찰 만큼 많은데 꺼먹비누는 없어 괜히 섭섭하였다.

요즘도 비누를 집에서 만들어 쓰는 주부도 있는 것 같다. 등겨 대신 폐식용유를 이용해서 만드나 보다. 나는 살림 사는 일만 해도 힘들고 고단하여 비누를 만들어 쓰겠단 생각은 안 한다.

마트에 가서 비누를 살라치면 하도 종류가 많아 어떤 비누를 살까 망설이게 된다. 친환경 세탁비누, 살균 세탁비누, 무공해 재활용 세탁비누, 행주용 세탁비누, 표백 세탁비누 등등.

이런 비누들은 쓰다가 똑 부러지니 그 옛날 보리개떡 같은 꺼먹비누만 못하다는 생각이 든다. 그때는 못 느꼈던 꺼먹비누의 고마움을 새삼 느낀다.

5

한심한 여자들

구주산 등정기

"카메라 가방만 가지고 가고 배낭은 버스에 두고 가지, 물은 내 배낭 속에 넉넉히 넣었으니 그거 마시면 되니까"

남편이 나를 배려해서 하는 말이다. 일순 그럴까 생각하여 배낭을 버스에 두러 가다가 발길을 되돌렸다. 산행 때면 오직 물만 먹고 싶고 물이 떨어져 목말라 힘들었던 경험이 있어 좀 무거워도 물이 든 배낭을 울러 맸다.

아홉 개의 봉우리인 일본 100대 명산 중의 하나인 구중산(九中山), 그중의 하나인 구주산(久住山) 등산을 하고 있다. 구주산은 해발 1,787미터의 고산이지만 1,330미터인 마키노토우께 고개까지 버스로 이동을 하므로 그리 힘들지 않으리라 생각했다.

등산을 할 때는 점심을 반드시 산 정상에서 먹어야 한다는 평소의 나의 생각이다. 그런데 산을 오르기 전에 점심을 먹기엔 조금 이른 시각인데 가이드가 도시락을 준비해 와서 먹고 등산을 해야 한다고 하지 않는가. 작은 주먹밥 네 개 중에서 두 개만 먹었는데도 걸음을 옮기는데 과식한 느낌이다. 안 먹은 것만 못하다.

아침 일찍 올라간 모양으로 일본인들이 내려오는데 하나같이 수수한 면 티셔츠에 평범한 바지 차림이다. 집에 있다가 그대로 배낭 하나 메고 나온 것 같다. 동네 산을 올라도 기능성 고급 등산복을 입는 우리나라 사람들에 비해 너무 대조적이다. 그들은 누구 한 사람 그냥 지나치는 법이 없이 친절하게 인사를 한다. 그들이 우리에게 저지른 온갖 만행에다 독도가 저네 땅이라고 억지를 쓰니 나는 그 친절이 친절로 느껴지지 않고 위선으로 느껴졌다.

그들은 자기네들 언어로 "곤니찌와(안녕하세요)" 한다. 버스에서 가이드가 일본인들에게 인사를 하라며 일본어 한두 개를 가르쳐 주었고 우리는 그대로 인사를 하는데 그들은 등산객들이 한국인인 줄 알면서 하나같이 일본말로 인사를 하지 않는가. 은근히 부아가 났다. 그래서 그들이 "곤니찌와" 할 때 우리 일행도 "곤니찌와" 했는데 나는 번번이 "안녕하세요?"라고 했다.

산은 그다지 가파르지 않은 것 같지만 수월하게 오를 수 없다. 산이니 당연히 큰 나무가 있을 줄 알았는데 소나무 한 그루 없고 다른 잡목도 없다. 까마귀만 기분 나쁜 울음소리를 내며 날아가는 참 이상한 산이다. 잠시라도 쉬려면 쏟아지는 햇볕 그대로 받고 바위나 돌, 흙바닥에 모자의 챙을 그늘로 삼고 앉아 있어야 한다.

산철쭉으로 유명한 구주산, 우리나라 철쭉보다 자잘한 철쭉꽃이지만 마침 붉게 만개하여 감탄을 자아내게 하고 시선을 머물게 한다. 나는 사진블로그를 하니 포스팅을 위해 사진을 찍어야 한다. 사진을 찍으려니 일행과 도저히 발맞추어 갈 수가 없다. 그래서 남편에게 등산을 안 하겠다는 회원들이 몇 명 있어 나도 사진 찍다가 그들과 함께하겠으니 내 신경 쓰지 말고 가라고 했다. 남편과 일행을 신경 쓰게 하고 싶지 않아서 그렇게 말했지 정상을 포기할 생각은 사실 없었다.

앞선 일행이 어디쯤 가고 있는지 확인하고는 유월의 이런저런 구주산 풍경을 재빠르게 카메라에 담는다. 셔터 한 번 누르고 달리고 또 누르고 달리기를 하는 가운데 그만 앞선 일행 뒤꽁무니를 놓쳤다. 반복되는 오르막 내리막의 산길에서 얼마만큼 간격이 벌어졌는지도 모르겠다. 내 뒤로 한 무리의 우리 일행은 내가 앞서간 일행에서 처졌는데도 나타나지 않는 걸 보니 등산을 포기한 모양이다. 내가 완전 꼴찌가 아닌가. 등산로 따라 바위에 노란 페인트칠을 동그랗게 해 놓아 산길을 잃고 헤매는 일은 없겠지만 적이 불안하다.

그런데 생각지도 못한 산장이 나타난다. 너무나 반가운데 때를 같이 하여 내 뒤로 남자 회원 S님이 터벅터벅 걸어오지 않는가. 내가 꼴찌가 아니었구나 싶어 너무나 반가웠다. 후미의 사람들은 초입에서부터 등산을 포기하고 거기 정자로 갔다고 한다. S님이 구세주처럼 느껴졌다.

젊은 총각 가이드가 정상까지 가기를 포기하고 지친 몸으로 산장에 앉아 있다. 목마름을 호소하며 울 것 같은 표정으로 물을 요구한다. 아껴 마시던 물을 가이드에게 주었다. 그는 벌컥벌컥 마시고 금방 기운찬 모습이 된다.

뜻하지 아니하게 S님과 동행을 하게 되었다. 산장까지는 철쭉꽃이며 조릿대, 갈대 등 작은 나무라도 볼 수 있는데 산장을 지나고부터는 너무 삭막하다. 그리고 계속 오르막이다. 분화구로 인하여 움푹 움푹 구멍이 난 시커먼 바위들이 많고 산능선도 산길이 아닌 시골 신작로처럼 넓은 데가 많다.

일본인들은 산장까지만 가고 정상은 안 가는 모양으로 산장을 지나고부터는 하산하는 이들이 없다. 까까머리 민둥 산등성 저쪽에서 하얀 화산 연기가 하늘을 향해 힘차게 피어오르고 있다. 그 연기를 보니 이때까지 은은히 나던 유황 냄새가 더 짙게 코끝을 자극하는 것 같다.

지진과 화산과 태풍의 3대 악재를 가지고 있는 일본, 내가 일본 간다면, 그때 만약 지진이 일어나면 어쩌나 하는 걱정을 평소에 한 적이 있는데 구주산 중턱에 서서 하얀 연기를 보며 지금 만약 이 산에서 화산이 폭발하면 어쩌나 하는 생각이 문득 든다.

체력이 떨어지는 듯하다. 물까지 가이드 주고 없어 더욱 힘이 든다. S님이 눈치 채고 정상까지 갈 것이냐고 묻는다. 가이드가 있는 산장으로 되돌아갈까 하는 생각도 들었지만 정상을 향해 가겠다고 했다. 등산을 할 때는 정상을 밟아야 그 산의 정기를 온몸에 받는다고 등산가들은 말하지 않던가. 정상을 밟지 않고 되돌아가면 얼마나 마음 개운하지 못하고 아쉽겠는가. 그러나 지금의 나는 남편 배낭의 물을 마시기 위해서라도 정상을 향해 가야 하는 것이다.

정상으로 올라가는 길은 길고도 가파르다. 거무튀튀한 못생긴 돌 돌 돌무더기로 이루어졌다. 앞섰던 일행은 이미 지름길인 협곡으로 하산하고 있는 게 멀리 보인다. 남편은 산행을 포기하리라 생각했던 내가 올라가고 있으니 안 내려오고 정상에서 내려오다가 서 있다. 남자 회원 한 분이 혼자 내려오다가 나에게 정상까지 가지 말라고 한다. 힘들어서 못 간다고. 갔다간 큰일 난다고. 죽을지도 모른다고 아가들 도리질하듯이 고개를 좌우로 도리도리 돌리며 아주 심각하게 말한다. 정상까지 안 가고 되돌아오는 것 같았는데 어지간히도 힘들었던가 보다.

'정말 장합니다. 이제 다 왔으니 조금만 힘을 더 내세요'라고 말했다면 없던 힘도 불끈 솟아났을지도 모를 텐데….

정상을 향해 오르며 나 때문에 정상을 다시 오르는 남편에게 물을 달라고 하니 한 방울도 없이 다 마셨다고 한다. 목을 축일 그 아무것도 그의 배낭엔 없다. 눈물이 핑 돈다. 목이 말라 죽을 것 같지만 심호흡을 하고는 웅장한 산에 비해 초라한 까만 표지 목을 어루만졌다. 하얗게 피어오르는 유황 연기가 저 아래 아득히 멀리서 가물가물 작게 보인다.

박꽃을 보며

이른 아침 어느 밭둑에서 하얗게 핀 박꽃을 보았다. 참 오랜만에 보는 박꽃이다. 흰색의 꽃은 어느 꽃이나 청초하게 느껴지지만 박꽃만큼 청초한 꽃은 없는 것 같다. 영롱한 이슬 방울방울 달고 피어 있는 하얀 박꽃은 어린 시절 우리집 아래채 지붕 위에 곱게 피어 있던 박꽃과 둥그런 박을 그리고 어머니 얼굴을 차례로 떠오르게 한다.

ㄷ자로 된 우리집 아래채 초가지붕이 여름이면 온통 박 덩굴로 덮여 있었다. 가을이 되면서 박은 푸른 잎사귀 사이에서 얼굴을 크게 내밀고 따뜻한 햇살 아래서 오수를 즐기는 목가

적 풍경을 연출한다.

어머니의 박에 대한 애착은 남달랐다. 그 시절 어느 집이나 아래채나 외양간 지붕에 박 덩굴을 올리긴 했지만 우리집만큼 덩굴이 무성하게 뻗지 않았고 우리집만큼 박이 많이 달리지도 않았다. 서리 내릴 무렵 영근 박을 따 놓으면 멍석으로 한가득이다.

톱으로 박을 자르고 박 속을 꺼내고 가마솥에 삶아 숟가락으로 껍질을 긁어 말리면 바가지가 되는 것이다.

부엌에는 여러 개의 바가지가 있었다. 쌀을 일어 돌을 가려내기에 반드시 두 개 있어야 했던 물바가지, 칼국수나 수제비국 끓일 때 도장방에서 밀가루 담아오는 밀가루바가지, 가지나 부추, 찜 고추 등을 밥 위에 찌기 위해 밀가루나 날콩가루 묻히는 마른바가지, 여름철 식구들 점심에 먹을 고슬고슬하게 지은 밥을 바가지에 담아 부엌 선반에 얹어놓는 밥 바가지 등이다.

바가지가 동그랗게 잘생긴 것도 있지만 밉게 생긴 것도 있다. 잘 생기나 못 생기나 어머니에게 있어 바가지는 다 소중한 그릇이다. 곶감도 바가지에 담아 내놓는 어머니의 바가지 사랑이다.

이렇듯 바가지를 유용하게 쓰기 위해 박씨를 심고 가꾸셨겠지만 어머니의 박과 바가지에 대한 남다른 애정은 태몽 때문이 아닌가 한다. 어머니가 큰오빠를 임신했을 때의 꿈에 아래채 지붕 위에 커다란 박이 세 덩이 열려 있어 사다리 놓고 지붕에 올라가 박을 따려는데 박 밑에서 커다란 구렁이가 나와 어머니 발을 꽉 물더라고 하셨다. 꿈에서 깨어난 어머니는 아들 삼 형제를 둘 것 같은 생각이 들었고 예상대로 우리 칠 남매 중 남자가 셋이니 박 태몽은 맞혔고 어머니가 박과 박가지를 좋아할 수밖에 없을 것 같다는 생각이 든다.

하루 종일 입 다물고 있던 박꽃은 땅거미가 짙어지면서 서둘러 피기 시작을 하는데 마당의 마른 구절초 모깃불이 살아나다 꺼지다 아예 꺼져버리고 개골개골 울어대던 앞 논의 개구리들도 제풀에 지쳐 조용해진 이슥한 밤에도 지붕 위 박꽃은 초저녁 그 모습 그대로 고고한 자태로 피어 있곤 하였다.

저 밭둑에 핀 박꽃을 옛 추억에 젖어 한참 보았다. 요즘 박바가지 쓰는 집이 없는데 저 밭주인은 박나물이라도 해 먹으려고 박을 심었을까?

어느 부부

길을 꽉 메운 사람들 무리 속에 섞여 걸음을 옮기는데 내 어깨를 툭 치는 사람이 있다. 뒤를 돌아보니 남편이다. 남편이 내 바로 뒤에서 치는 게 아니라 한 줄 건너에서 걸으며 두 사람 사이를 비집고 힘들게 팔을 뻗어서 치며 하는 말.

"두 분이서 같이 걷게 자리를 비켜드려"

나이들이 들어 그런지 부부동반 여행할 때 보면 부부가 나란히 걷기보다 남자는 남자들끼리 여자는 여자들끼리 걷고 식사도 남자들끼리 한 상 여자들끼리 한 상에 둘러앉아 하는 경우가 많다.

부부동반의 중국여행이다. 여행사에서 다른 고장에 거주하는 몇 분을 참석시켜 대형 버스가 꽉 차는 인원이다. 그런데 타지에서 온 한 부부가 좀 유별나다. 학교 교장을 갓 퇴직한 분이라는데 신혼부부처럼 껴안고 다니는 것이 그것이다. 어디를 가든 남자가 여자 허리를 팔로 휘감고 다니는 것이다.

여자는 허리통이 굵고 건강해 보인다. 건강해 보이기만 한 게 아니라 건강하다. 여행하는 동안 가이드가 우리 일행을 동인당약국으로 안내했을 때다. 나는 안에 들어가기 싫어 밖에서 기다리고 싶었다. 그러나 가이드가 싫어도 들어가야 한다고 했다. 자기가 위험에 처한다고 손바닥을 펴서 목 자르는 시늉을 해서 그 여성 가이드의 직장 잃는 불행을 면해 주기 위해서 할 수 없이 들어갔다. 남편에게 허리 휘감기고 다니는 그녀도 안 들어가겠다고 버티다가 결국 들어갔으니 우리는 자연 한 의자에 나란히 앉게 되었다.

그 약국에서는 우리 일행에게 한약을 팔기 위해 남자 한의사가 진맥을 하는 게 아닌가. 난데없이 진맥이라? 강요는 아니지만 진맥을 아니 하면 눈치가 보이게 되어 있다. 그래서 우리 일행 한 명 한 명이 앞으로 나가 진맥을 받았다. 신장

나쁜 사람이 어찌 그리도 많은지 모르겠다. 이 사람도 콩팥, 저 사람도 콩팥이다. 통역하는 여자 한의사가 안 나가는 우리를 째려보는 가운데서도 나와 그 부인은 끝내 진맥 받으러 나가지 않았다.

나는 내 몸 어디가 나쁘다는 말을 들으면 모처럼의 즐거워야 할 여행 기분 잡칠 것 같아 안 받았다. 남편에게 허리 휘감기고 다니는 그 부인은 몸에 좋다는 태반주사도 맞았으며 며칠 전에는 종합 건강검진을 받은 결과가 나왔는데 아무 이상이 없고 건강하다며 진맥 받으러 나가지 않았다. 장가계를 올라갈 때는 두 명의 중국인이 앞뒤에서 메고 가는 인력거를 돈 들여 타고 오르는 한국인이 더러 있다. 그런데 과체중인 이 부인은 걸어서 비 내리는 장가계 오르막길을 우산을 쓰고 힘든 기색 하나 없이 거뜬히 올랐다.

걸음을 많이 걸어야 하는 중국 여행, 4박 5일 동안 그녀는 어디든 잘 걸었고 먹성 또한 좋았다. 그렇게 건강한 그녀다. 그런데 그 남편은 마치 아내가 환자이기라도 한 듯 줄곧 감싸고 걸으니 애정표현인지 보호본능인지 하여튼 대단하다 싶다. 내가 보기엔 남자가 아내에게 보호를 받아야 할 것 같은데.

어머니는 딸들에게 일렀다. 시어른들 앞에서는 내 자식 별나게 귀여워하지 말라 하셨고 부부간에도 유난히 정다워 보이는 행동을 취하지 말라 교육시켰다. 그래 그런지 그 부부의 행동이 내 눈엔 아름답게 보이지 않고 별꼴로 보이는데 남편이 나에게 두 분 같이 걷게 길을 비켜드리라고 한다.

내가 길을 막은 것도 아니고 그녀 손을 잡은 것도 아니고 그녀와 대화를 하며 걸었던 것도 아니고 걷는 사람이 빽빽하니 우연히 옆에서 걷게 되었는데.

그녀 남편을 내가 걷는 자리로 이동하게 해 주려고 하면 조금은 거북하다. 그 장소에서는 워낙 사람들로 꽉 메워져 걷고 있었기 때문에 내가 발걸음을 앞이 아닌 다른 데로 옮기면 다른 사람들도 좌로 우로 혹은 뒤로 걸음을 바꾸어야 하니 학교 운동회 때 한 사람의 실수로 하여 질서정연한 줄이 흐트러지는 것과 같은 꼴이 될 것이다. 구경꾼 빽빽하게 둘러앉은 운동회가 아니어서 그런 걱정은 안 해도 되지만 굳이 그럴 필요성을 못 느꼈기에 나는 그대로 걸었다.

어쨌거나 그들 부부가 나 때문에 둘이 껴안고 못 걷는다고 여긴 마음 약한 남편은 미안한 생각을 하였고 그래서 자리를 바꾸라고 한 것이다.

나의 남편은 걸으면서 내 허리 휘감는 일은 절대로 하지 않는다. 나 또한 남편이 허리를 감고 다니려 하면 여러 사람 보는 데서 창피하다며 각자 걷자고 할 고리타분, 아니 정상적인 사람이다.

젊은 부부가 안고 걸으면 보기 좋았을까? 하여튼 그 부부의 껴안고 걷는 풍경(?)이 내 눈에는 아름답게 보이지 않았다. 그래서 내 자리를 이탈하여 그 부부가 함께 걷도록 해주지 않았다. 내 바로 뒤에서 걷는 그 퇴직 교사는 내가 얼마나 미웠을까. 남편의 권유에도 어깨를 살짝 흔들기까지 하며 그대로 걸었으니.

다른 사람 눈에는 그들 부부가 어떻게 비쳤는지 궁금하다. 나는 남자가 아내에게 쩔쩔매고 사는 '쩔처가'로만 보였는데.

내가 그들 부부가 다시 붙어서 걷게 해 주면 나의 남편 마음 편하고 그들 부부 좋을 것을 그렇게 해 주지 않은 요 내 못된 심사.

와룡산에서

우리 여자들만의 산악회에서 애초에는 남원 쪽으로 간다고 했다. 거기 산이 많다며. 무슨 산이라고 정하지도 않고 거기 산이 많다는 말이 마음에 들지 않았지만 아무 산이면 어떠랴, 우리 고향마을 뒤 야트막한 산 같은 그런 산은 아니겠지 했다. 그런데 휴게소에서 회장과 운전기사가 이러쿵저러쿵 이야기를 나누더니 남원을 취소하고 삼천포를 간다는 것이 아닌가.

삼천포는 1956년 사천군에서 삼천포시로 분리되었다가 1995년 다시 사천시로 통합되어 그 이름을 잃었다. 그런데도 사람들은 지금까지 삼천포라는 이름을 더 친근하게 사용하고 있는 것 같다. 나 역시 부득부득 삼천포로 부른다.

어쨌거나 남원으로 가다가 와룡산 등산을 한다며 버스는 삼천포로 빠졌다. 남원은 산을 못 오르는 사람들이 앉아서 놀 수 있는 적당한 산이 없다는 것이다. 등산보다 산 아래 계곡이나 펑퍼짐한 곳의 나무 그늘 아래서 노는 사람도 많기 때문에 그런 장소가 필요한가 보다.

삼천포는 몇 번 갔었기에 적이 실망이 됐다. 그러나 한편 와룡산 등산은 한 적이 없어 남원을 가나 삼천포를 가나 상관없다는 생각이 들기도 했다. 봄에도 부부동반 모임에서 부산 해운대를 간다고 출발했는데 가다가 삼천포로 빠진지라 삼천포는 원래 다른 행선지를 향하다가 빠지는 곳인가 싶어 빙긋이 웃음이 지어졌다.

백천사 앞에 차를 세우고 등산을 하는 사람, 그늘에 앉아 노는 사람 두 팀으로 갈라졌는데 평소 친하게 지내는 나를 포함해 네 명이 함께 등산팀에 붙었다. 그런데 우리는 등산팀과 함께 걷지 못했다. H가 등산 안 하는 사람 중 한 명이 밥 안 싸 왔다며 밥과 반찬 덜어주는 바람에 몇 분 뒤 출발을 했던 까닭에 등산팀들이 보이지 않았다. 왕복 세 시간이면 된다는 산이니 조금 늦게 출발해도 되려니 했는데 일찌감치 앞서간 무리들 꽁무니를 놓쳐 조금 당황스러웠다. 오줌 누는 사이 십 리 간다는 어른들 말이 생각났다.

우리 네 명 중 두 명이 오늘따라 느려 터졌다. 지난해 험악한 구병산 등산을 잘도 하던 K가 이번엔 꾀를 부린다. 정상엘 가지 않으려고 아주 작정을 한 모양으로 얼마쯤 가다가 점심 먹을 자리까지 찾지 않는가. 12시가 되어 가는 시각이지만 점심을 먹으면 정상을 포기해야 하니 H와 나는 정상에 가서 먹자고 하여 우리 네 명이 또 두 팀으로 갈리었다.

H와 함께 부지런히 산길을 걷는데 등산로답지 않게 길이 좁아지는가 싶더니 아예 끊기고 만다.

"어~라! 길이 끊기네, 등산객은 한 사람도 안 보이고"

길을 잘못 들었구나 싶다. 무서움이 확 생기는데 나무에 걸린 빨간 팔각 등 하나가 마음을 안심시킨다. 이어 보이는 외딴집, 마당으로 들어갔다. 빨랫줄에 꽂힌 녹슬지 않은 빨래집게와 마당의 정갈함이 사람이 산다는 걸 말해 주고 있지만 방문이 자물쇠로 잠겨 있고 아무도 없어 와룡산 가는 길을 물을 수가 없다. 집 뒤 돌계단 위로 하얀 석불좌상이 있는데 한사코 나를 앞세워 산을 오르던 H는 내가 석불좌상 앞으로 오르려 하자 되돌아가자며 얼른 앞장을 서 내려간다. 덩치 큰 그녀는 산을 오를 때는 나를 앞세우더니 내려갈 때는 자신이 앞에 가며 앞자리를 양보하지 않는다.

언제 또 와룡산을 오겠는가. 멀리서 와서 와룡산 정상을 포기하다니. 마음이 너무나도 허전하고 다리에 힘이 풀린다. 내려오다가 남은 둘이서 점심을 거의 다 먹은 자리에 앉아 밥을 먹노라니 등산할 때면 정상에 올라 도시락을 먹던 그 꿀맛이 아니다. 등산 지도를 봐야 하는데 앞서간 일행 따라간다고 서두른 게 잘못이다. 갈림길에서 당연히 넓은 길이 등산로인 줄 알았던 것이다. 아는 길도 묻는 법이련만 우리 어리뻥뻥 길치들은 모르는 길도 묻지를 않았으니 한심하다.

터덜터덜 내려오던 우리는 등산 못한 아쉬움에 굿당 구경이나 하자고 화살표를 따라 걸어 굿당엘 들어갔다. 난생처음 보는 산속의 굿당은 호기심을 잔뜩 불어넣어 준다. 뾰족뾰족한 여러 개의 돌탑이 울도 담도 없는 집의 마당가에 울타리처럼 줄줄이 서 있다. 입구에 서 있는 갑옷 입고 투구 쓰고 창칼 든, 수염이 긴 얼굴 험악해 보이는 말 탄 남자 조형물은 문지기 같다.

청색의 긴 기와지붕은 앞쪽으로 가작을 달아 놓았는데 기둥이 여러 개 서 있다. 사람 하나 얼씬하지 않는 적막이 으스스하도록 무섭다. 하릴없이 들어온 우리에게 "으흠 너희들 왜 들어왔느냐" 하는 귀신 소리가 들릴 것만 같다. '굿이나 보고 떡이나 먹는다.'는 속담이 있지만 굿판은 통상 밤에 이루어지니 구경할 굿거리도 없고 자연 얻어먹을 떡도 없다.

요즘은 인적 없는 외딴 산속에 굿당을 지어놓고 하룻밤에 거금을 받고 빌려준다고 한다. 살림집으로 세를 놓는 것보다 수입이 더 좋다고 한다. 굿을 의뢰하는 사람은 굿하는 값과 굿당값 이중으로 돈이 드니 부담이 크겠다.

굿당을 지어놓고 톡톡히 수입을 올리는 이유는 무엇인가. 굿을 원하는 사람이 많기 때문이 아니겠는가. 인력으로 어찌할 수 없는 불행을 한바탕의 굿이 막아주기를 지푸라기 잡는 심정되어 간절히 빌고 또 빌었을 터. 굿당의 마당에 서서 인간의 존재가 너무나도 미미하고 나약함을 느낀다.

유난히 큰 옷이 빨랫줄에서 펄럭이는 것조차 무당 옷처럼 보이며 굿당 마당에서는 섬뜩하게 느껴진다. 발걸음을 빨리 떼어놓아 굿당을 나오는데 요란하게 핸드폰이 울린다. 우리 네 명만 안 왔으니 어서 백천사로 오라는 전화다.

백천사를 향해 부지런히 발걸음을 떼어놓으며 우리는 집에 가서 식구들에게도, 친구들에게도 굿당에 간 이야기를 하지 않기로 했다. 와룡산 정상을 올랐고, 그 아름다움을 말로 다 표현을 못한다고. 삼천포가 한눈에 보이더라고 펑펑 뻥을 치기로 약속했다

중국 화산에서

혹자는 인생을 살찌우기 위해서 여행을 한다고 했고 스티븐슨은 여행을 위해서 여행을 한다고 했다. 하지만 나는 여행에 대해 대단한 정의를 내리지 않는다. 그저 여행은 집안일 안 하고 남이 해주는 밥을 먹는 일상탈출이 좋고 경치 좋은 곳 구경해서 좋다는 생각이다.

여기는 중국, 경치 좋기로 유명한 화산이다. 중국의 오악 중 하나인 화산은 그중에서도 가장 험준하다고 한다. 거대한 화강암 덩어리로 이루어진 산으로 북봉, 중봉, 동봉, 남봉, 서봉 등 다섯 개 봉우리가 있는데 멀리서 보면 다섯 개의 봉우리

형상이 마치 한 송이의 꽃과 같다고 하여 화산이라 부른다는 것이다. 다섯 개의 봉우리 중 가장 높은 봉우리는 남봉이고 가장 절경인 봉우리는 서봉이라고 한다.

북봉은 케이블카를 타고 올라가서 30분쯤 걸어가면 볼 수 있다. 그래서 화산 산행을 하면 누구나 북봉은 보게 되지만 서봉은 멀고 가는 길이 험준하고 보니 포기하는 사람이 많은 것이다.

화산 등반의 코스가 북봉(1,615m)을 시작으로 중봉(2,038m). 동봉(2,100m) 남봉(2,155m), 서봉(2,083m)을 끝으로 되돌아온다.

날씨는 참으로 고약하다. 안개가 자욱하여 가까운 데만 보일 뿐 멀리 풍경은 보이지를 않는다. 바람도 불고 살짝 내린 눈은 얼어 있기까지 하며 진눈깨비까지 흩날린다. 산행하기에 최악의 날씨다. 주어진 시간도 짧아 서봉까지 다녀오려면 빨리 걸어야 한다.

우리 일행은 서봉까지 간다며 힘차게 발걸음을 옮긴다. 일행이라고 해야 40명 중 절반도 안 되는 인원이다. 그래도 그 일행 중에 여성도 한 명 있다. 나머지는 북봉을 관광하는 것만으로 만족하고 주변을 둘러보다가 케이블카를 타고 내려간다.

인솔자는 왜 그리 아침에 느지막하게 출발을 하게 했는지 모르겠다. 중국의 세군데 산 등반을 위한 명색이 산악회의 여행인데. 나는 사진을 찍고 싶은데 안개가 없다고 하여도 사진을 찍을 시간적 여유가 없을 것 같다. 남자들 발걸음에 맞춰 빨리 걸을 자신도 없어 일행에서 빠져나왔다.

나는 일 년 중에서 3월을 제일 싫어했다. 3월이 긴 겨울이 물러가고 봄이 가까웠다는 설렘이야 있지만, 이 3월은 감기란 놈이 호시탐탐 내 몸을 노린다는 느낌이 들어 싫다. 꽃샘바람, 황사바람이 있어 또 싫다. 그래서 왜 하필 추운 3월에 여행을 하느냐고 남편에게 불평을 늘어놓으며 떠나온 여행이다.

그런데 어제 역시 5악 중 하나인 숭산에서 깎아지른 수직암벽에 아슬아슬하게 걸쳐진 선반 같은 현공잔도를 걸으며 온 산을 뒤덮은 상고대를 원 없이 보고 얼마나 행복해했던가. 그런데 오늘 이 화산 북봉에 올라서 날씨로 인하여 더 이상의 등반을 포기하고 보니 한 달만 늦게 날 잡아서 왔으면 좋았을 텐데 뭐가 급해 3월 하고도 초순에 이 여행을 강행했는가 싶은 생각이 또 든다. 내 마음 참 간사하다.

내일은 또 운대산 등반을 한다니 몸을 무리하면 안 되지 않는가. 화산 서봉을 포기하고 올라가던 계단을 도로 내려와 평퍼짐한 곳에서 우리 여자회원 한 명과 쉬고 있노라니 눈앞에 진풍경이 벌어지고 있다. 녹두색 두툼한 오버를 입은 남자가 넓은 바위 위에 올라가 중국 아가씨들 사진을 찍어주고 있는 풍경이다.

이 바위를 오르는 계단은 바위 자체를 파서 만들어 놓았는데 계단이 짧지만 눈이 살짝 덮였고 얼어 있어 올라가기 힘이 든다. 그래서 엉금엉금 기어서 올라가고 내려올 때도 아예 엉덩이를 땅에 대고 내려온다. 사진사가 손을 잡아주고 부축해서 올라가고 내려오고 계단뿐 아니라 바위 위에서도 사진사 부축이 필요한데 주로 독사진을 찍는다.

바위 왼쪽은 천길만길 낭떠러지이다. 직업적으로 사진을 찍는 사람이 그 장소를 택해서 사진을 찍기 권유하기 때문에 거길 올라가는 모양이다. 오르막 계단과 두어 그루 소나무가 서 있는, 내 눈에는 대단히 좋게 느껴지지도 않는 배경인데 굳이 위험을 무릅쓰고 바위에 올라가서 사진을 찍게 하는 사진사가 이상하기만 하다. 차라리 편한 자리에서 반대쪽 북봉을 넣으면 더 멋질 텐데….

한 아가씨는 유난히 겁을 낸다. 처음부터 사진사 손을 잡고 바위로 올라가더니 엉금엉금 기어다니며 앉았다가 섰다가 온갖 포즈를 다 취하며 여러 장을 찍게 한다. 사진사 손을 잡고 쩔쩔매며 내려오면서도 찍고 또 찍는다. 여행에서 사진밖에 남는 게 없다는 말도 있긴 하지만 같은 배경을 넣고 참 많이도 찍는다. 사진이 뭔지.

사진사는 사진을 찍었으면 메모리카드를 꺼내 같은 복장을 한 여자에게 건네주고 그 여자는 바로 아래 매점으로 가서 인화를 해온다. 재미있는 구경거리가 아닐 수 없다. 배낭을 등에 멘 위로 노란 우의를 입어 곱사등이 같은 모습으로 사진 찍을 차례를 줄서기 하여 기다리는 중국 아가씨들을 보는 재미도 덤으로 얻는다. 중봉, 동봉, 남봉, 서봉 못 간 아쉬움이 확 날아가 버린다.

등반길에 오른 우리 일행 중 몇 명이 일찌감치 되돌아오더니 여자 회원도 지친 표정으로 되돌아온다. 그녀가 마지막 봉까지 못 가고 되돌아오므로 그 남편도 경치가 제일 좋다는 서봉을 포기해야 했으니 등산가인 그 남편 아쉽다는 생각 안 들었을까 궁금하다. 그들 부부를 보니 내가 안 가기를 참 잘했다는 생각이 들고 남편한테 좋은 일 했다는 생각까지 든다.

많은 중국 관광객들도 더 이상의 산행을 안 하고 북봉에서 바글거린다. 무림고수들의 마지막 혈투를 벌인 곳이라는 '華山論劍'이라 쓰여 있는 표지석 앞에서 사진을 찍고 있어 우리는 한참을 기다렸다가 그 표지석을 넣어 사진을 몇 컷 찍었다.

북봉과 근처에서 맘껏 여유를 부리던 우리도 케이블카를 타고 내려왔다. 우리 일행은 서봉까지 간 다섯 명의 일행들을 기다리며 눈길을 케이블카 쪽으로 보내고 있다.

기다리는 지루한 시간이 지나고 나타나는 일행, 모두 박수를 쳐준다. 그분들은 산 아래서 기다릴 일행을 생각하니 미안해서 배낭에 있는 물병 꺼내 물 한 모금 마실 여유도 없이 부지런히 걸었다고 한다.

따지고 보면 미안해할 것도 없는 일이다. 북봉에서 서봉까지의 등반을 목적하고 온 화산이지 않은가.

나의 화산 등산은 북봉에서 그친 아쉬움을 남겼으나 그런대로 즐거웠고 추억에 남을 것 같다.

한심한 여자들

시어머니 얼른 아침 먹여 보내라

"얘 너희 시어머니는 제사 지냈으면 얼른 가시지 왜 안 간다나?"

버스 안에서 내 뒷좌석에 앉은 여자가 하는 소리다. 휴대폰으로 친구와 통화를 하는 것이다.

말하는 꼬락서니가 친구들과 모임이 있는 날인데 간밤 제사 지낸 시어미가 얼른 일어서 가지를 않으니 친구가 참석을 못 하겠다고 한 것 같다. 버스 안의 사람들이 다 들을 수 있는데 전혀 의식을 안 하고 말한다.

여자가 하는 말이 너무 한심하여 귀를 기울이게 되었다. 아니 귀를 안 기울여도 저절로 내 귀에 들어오니 듣지 않을 수가 없다. 그다음 말은 더욱 가관이다.

"애! 너희 시어머니 얼른 아침 먹여 보내고 그 약속 장소로 와라"

밥 먹여 보내라니. 스스럼없이 내뱉는 교양 없는 말은 그녀가 얼마나 본데없이 자랐는가를 말해 주고 있다. 인성이 제대로 안 된 저 여자 부모는 어떤 사람일까? 그러나 그녀 부모는 버스 안에 없으니 볼 수 없고 당장 뒤에 앉은 여자 낯짝 한번 보고 싶은데 차마 고개를 돌려 뒤돌아보지 못하겠다.

가는 날이 장날이라고 제사 지낸 다음 날 친구들과 만나는 날이 될 수도 있다. 인생이 원하는 대로 척척 맞아떨어지는가 어디.

제사 지내고 얼른 가지 않는 시어머니 때문에 모임에 참석 못 하는 친구가 딱하긴 할 것이다. 그렇건만 아들 며느리 집에 시어머니가 또 오고 또 오는 건 아닐 터, 제사 핑계로 가고 싶었던 아들 며느리 집에 갔을 텐데 날 새자마자 아침 먹고 허둥지둥 곧장 집으로 가고 싶겠는가.

"시어머니 하루 더 있다가 가시라 하고 모임에 나와라."

이렇게 말했으면 참 좋았을 것을.

그 여자, 이 여자

텔레비전에서 고민을 털어놓고 조언을 듣는 프로그램에 그림자만 보이도록 유리벽 저쪽에 앉아서 사연을 이야기하는 여자가 있다. 중년의 이 여자의 남편은 무려 7명의 여자와 바람을 피웠고 지금도 피우고 있는 중이라고 한다.

어느 날 남편이 아내인 이 여자에게 자기의 애인과 셋이 식사를 하자고 하더라나. 그 여자가 꼭 같이 오라고 했다며.

이 여자 가지 않겠다고 했더니 남편 왈 "뭐 지가 밥을 사겠다는데 먹어 두자."고 하여 같이 갔다는 것이다.

그런데 이 여자, 자리를 어떻게 하고 앉아서 식사를 하나 고민이 되더라고 말한다. 남편과 자신이 나란히 앉아야 할지, 그 여자와 남편을 나란히 앉게 하고 자신이 맞은편에 앉아야 할지.

결국 그 여자와 자신이 나란히 앉고 남편을 마주 앉게 해서 식사를 했다고 한다.

그 여자, 연신 이 여자에게 형님! 형님! 하며 음식을 권하며 잡수시라고 하더라나.

도대체 이 여자 무슨 소리 듣고 싶어서 방송국에 나와서 떠벌이는지 모르겠다. 형님 소리 들으며 끝까지 식사 같이했으니 남편과 그 여자 불륜 관계 유지해 나가라는 무언의 허락 아닌가.

그 여자가 명품 가방이나 값비싼 유명브랜드 옷이라도 사 주었으면 이 여자 어떤 태도를 보였을까 궁금하다.

이 여자 어떻게 하면 남편 바람을 재울 수 있나 전문가의 조언을 듣고자 나온 것 같지가 않다.

'가끔 남편의 그 여자가 사는 밥 얻어먹고 두 사람의 불륜 관계 묵인하시지요.'

'식사하고 나올 때마다 냉큼 남편의 그 여자 구두 신발장에서 꺼내 대령하시고요.'

이렇게 정답은 나와 있건만 방송 진행자와 전문 상담사는 이 여자에게 왜 말들을 아끼고 있는지 모르겠다.

〈콩트〉

거사

진아 엄마와 찬수 엄마는 출근하는 남편들이 골목을 빠져나가기가 무섭게 선희네 집으로 냅다 달려갔다. 골목을 사이로 이웃하여 사는 이들은 서로 뜻이 잘 맞고 자매들처럼 친하게 지낸다. 언제부턴가 선희네 거실이 이들의 아지트가 되었는데 늘 아침 설거지와 청소는 하고 모였지 무슨 거사라도 일으키려는 듯 남편들 뒤꽁무니 안 보이자 금방 쪼르르 모이지는 않았다.

이들이 모이면 별것 아닌 걸로 수다를 떤다. 남편 이야기, 시댁 이야기, 아이들 이야기, 시장 본 이야기, 냄비 태운 이야기 등 시시껄렁한 이야기들이다. 그런데 오늘은 표정들부터 다르다.

"들었지? 간밤 성민이네…"

"들었어, 나 간밤 한숨도 못 잤어."

"성민 엄마 불쌍해서 어쩌나."

한마디씩 한다는 말이라니. 심각한 일이 벌어진 모양이다.

성민이네 집 부부는 잘 싸운다. 아니 싸운다기보다 성민 엄마가 일방적으로 성민 아빠로부터 매를 맞는 것이다. 성민 아빠가 술 취한 날은 성민 엄마가 매 맞는 날로 알고 있어도 된다. 매를 맞는다 하면 회초리로 때린다는 상상을 하겠지만 손으로 때려도 발길로 차도 사람들은 매 맞는다는 표현을 쓴다. 성민 아빠는 손으로 때리기보다 아내의 머리를 벽에 쥐어박는 게 주특기다.

성민 엄마는 이웃에 살아도 선희네 아지트에 오는 법이 없다. 일 나가고 있기 때문이다. 그래도 짬 내어 한 번씩 하소연을 할 법도 하지만 절대 그런 일은 없다. 성질 급한 선희 엄마가 따따따 빠르게 말을 한다.

"성민 엄마 이혼시켜야겠어. 요즘 세상에 매 맞고 사는 여자가 어디 있어. 우리는 남편이 벌어주는 돈으로 큰소리치며 사는데 성민 엄마는 돈 벌어 빌빌거리는 남편에게 갖다 바치고도 매맞고 사니 원."

사실 성민 아빠는 고정 수입이 없다. 무슨 건축일인가 한다는데 노는 날이 더 많다. 돈 잘 벌고 못 버는 거야 인력으로 안 되는 법, 그래서 그건 죄가 안 되고 이혼 사유도 안 된다고 생각들을 한다. 다만 마누라 너무 괴롭히니 이혼을 해야 한다고 선희 엄마는 생각을 하는 것이다. 진아 엄마의 눈이 커다래졌고 찬수 엄마가 침착하게 말한다.

"이혼시키는 건 좀 그렇지 않나? 우리가 뭐 성민 엄마와 자매지간도 아니고 사돈의 팔촌도 아닌데 말이야."

선희 엄마가 답답하다는 듯 목소리를 높인다.

"어허! 이웃사촌이잖아, 멀리 있는 친척보다 좋다는 이웃사촌"

선희 엄마의 이웃사촌이란 말에 진아 엄마와 찬수 엄마도 뜻을 같이하여 결국 세 여자가 성민이 엄마 아빠 이혼시키는 거사를 일으키기로 했다.

우선 성민 엄마를 선희네 집으로 불러들여 이혼을 권유하는 것부터 시작하기로 했다. 매질도 버릇이라고, 성민 아빠의 그 버릇 못 고칠 것이라고, 계속 같이 살다간 성민 엄마 뇌진탕으로 죽지 않으면 늙기도 전에 치매에 걸릴 수도 있을 것이라고. 절대로 우리가 이혼을 종용했다는 말을 하지 말라고 당부하기로.

성민 엄마의 퇴근시간을 기다리는 시간은 지루했다. 오늘따라 퇴근이 왜 늦을까? 골목 저 끄트머리에서 금방 나타날 것 같은 성민 엄마는 그저도 나타나지 않아 혹시? 방정맞은 생각들도 한다. 세 여자가 교대로 대문 밖으로 나갔다가 들어갔다가 하는 중 드디어 성민 엄마가 나타난다.

"온다, 온다."

찬수 엄마가 흥분된 소리로 말하자 마당에서 서성이던 진아 엄마와 선희 엄마가 밖으로 나갔다. 그런데, 그런데 말이다 성민 엄마 혼자가 아니다. 초등학생인 아들을 앞세워 부부가 나란히 오고 있는 것이다. 세 여자는 눈을 의심했다. 가까이 온 성민 엄마는 잘 익은 복숭앗빛 얼굴로 미소까지 지으며 외식을 하고 온다고 묻지도 않은 말을 한다. 간밤 매 맞은 거 다 아는데 그거 모르는 줄 알고.

세 여자는 어안이 벙벙하여 할 말을 잊고 성민 엄마의 얼굴을 멍하니 바라보고 있는데 성민 아빠란 사람은 이 세상에서 제일 예의 바른 사람처럼 "안녕들 하십니까, 아?" 성우같이 매력 넘치는 목소리로 인사를 하고는 대문 안으로 쏙 들어가는 것이 아닌가.

배신감을 느낀 세 여자는 약속이나 한 듯 입을 벌리고는.

"어머머!"

"어머머!"

"어머머!"

부부싸움은 칼로 물 베기란 말 그대로 이들 부부는 언제 싸웠나 싶게 다정하다. 이혼시키겠다고 머리 맞대고 공론을 하고 거사를 일으키려 한 세 여자는 시작도 못 해보고 닭 쫓던 개 지붕 쳐다보듯 애꿎은 철대문만 눈 흘겨 바라본다.

박순혜 수필집

나는 콩떡

2021년 7월 25일 초판 인쇄
2021년 7월 30일 초판 발행

지은이 / 박순혜
발행인 / 강병욱

발행처 / 도서출판 교음사
편집 / 수필문학사 편집부

03147 서울 종로구 삼일대로 457 수운회관 1308호
Tel (02) 737-7081, 739-7879(Fax)
e-mail : gyoeum@daum.nett
등록 / 제2007-00052호

* 잘못된 책은 바꿔 드립니다. 값 13,000원

ISBN 978-89-7814-831-3 03810

- 이 도서는 한국예술인복지재단의 창작준비금을 지원받아 제작되었습니다.